地势坤，君子以厚德载物。

傅佩荣讲老子

傅佩荣 著

北京联合出版公司
Beijing United Publishing Co.,Ltd.

图书在版编目（CIP）数据

傅佩荣讲老子 / 傅佩荣著 . — 北京： 北京联合出版公司，2018.5

ISBN 978-7-5596-1850-4

Ⅰ . ①傅… Ⅱ . ①傅… Ⅲ . ①道家②《道德经》－通俗读物 Ⅳ . ① B223.1-49

中国版本图书馆 CIP 数据核字（2018）第 048953 号

著作权合同登记 图字：01-2018-2036 号

傅佩荣讲老子

作　　者：傅佩荣

责任编辑：熊　娟

内文设计：顾小固

北京联合出版公司出版

（北京市西城区德外大街 83 号楼 9 层　100088）

北京嘉业印刷厂印刷　新华书店经销

字数：110 千字　880 毫米 ×1230 毫米　1/32　印张：7

2018 年 5 月第 1 版　2018 年 5 月第 1 次印刷

ISBN：978-7-5596-1850-4

定价：45.00 元

自 序

值得做的事很多，但我一生做不了几件；值得念的书很多，但我一生念不了几本。因此，面对自己短暂的一生，人首先要学会的就是“给一个说法”：我做这几件事，我念这几本书，以及我选择如何如何，都需要一个合理的解释。

这无异于探讨一个大问题：人生有什么意义？因为“意义”不是别的，而是“理解之可能性”。我过这样的生活，以这种方式与人来往，这一切是“可以理解的”吗？如果说不出所以然，也就是没有一个说法，那么，我的人生就谈不上有什么意义，只是人云亦云，随俗浮沉，十六个字就讲完了：生老病死，喜怒哀乐，恩怨情仇，悲欢离合。其他的大道理都只是风吹过而已。

面对如此处境，似乎只有一条出路，就是“爱好及追求智慧”，而这句话恰好是古希腊时代对“哲学”一词的原始定义。不过，我在此不是要介绍西方哲学，我要推荐的是与我们一样使用中文的中国古人的哲学。虽说是古人，但一点也不老旧。他们使用古文，却依然照亮了今日世界。苏格拉底有一个年轻的朋友，这个朋友借酒装疯，说出他对苏格拉底又爱又恨的心情：“他使我觉悟生命不该因循苟且，忽略自己灵魂的种种需要，迷失在政治往还的生涯中。我起初无法接受，掩耳疾走，背他而去。他是唯一使我觉得自己可耻的人。我曾多次暗咒他早早死了才好，但我又知果真如此，则我的哀伤将远远盖过我的欣喜。”

“掩耳疾走，背他而去。”我好像也曾有过这样的念头，但针对的“他”是谁呢？不是别人，就是我在这儿要向大家介绍的“孔子”“孟子”“老子”“庄子”，他们被并称为“中国四哲”。但我年轻时，只觉得他们难以亲近，也不易理解。孔子说话精简扼要，如念格言金句；孟子提倡仁政理想，结果落个好辩之名；老子看似很有见地，内容却是恍惚难解；庄子寓言常有巧思，让人感叹浮生若梦。我曾想过，如果没有这四哲，我们求学时会不会轻松一点？传统的包袱会不会减少一点？

现在我明白了，如果没有他们，我的哀伤将远远胜过欣喜，甚至这一生只剩下十个字：重复而乏味，茫然过日子。读懂他们的文字，领悟他们的思想，实践他们的教导，品味他们的智慧，然后这才发现自己身为中国人，并且能够从小使用中文，是一件无比幸福的事。

他们身处危机时代，虚无主义的威胁有如张牙舞爪的恶魔。孔子与孟子代表儒家，主张“由真诚引发内心行善的力量”，使价值的基础安立于人性中，如此可化解价值上的虚无主义。老子与庄子代表道家，主张“凡存在之物皆有其来源与归宿”，即作为“究竟真实”的道，可消除存在上的虚无主义。前者重视“真诚”，后者肯定“真实”，殊途同归但皆使人的生命展现明确意义，有如丽日当空，光明普照，而人生的喜悦与快乐也有如空气般自然遍存。

我归纳儒家思想为四字诀：对自己要“约”，对别人要“恕”，对物质要“俭”，对神明要“敬”。至于道家，也有另一套四字诀：与自己要“安”，与别人要“化”，与自然要“乐”，与大道要“游”。这简单的八字心得，可以在这四本书中找到详细的说明。

“孔孟老庄”四哲，每一位都是千年难遇的良师与益友。我研究中西哲学四十余年，最大的收获就是学习并了解这四哲的思想。我出版的有关他们思想的书籍与有声书很多，现在这一套书原是一系列四十八讲的课程，后整理成文字稿再经修订而成，所以内容浅显易懂，文字轻松可读，结构完整周延，论述一气呵成。不限时空，随手翻阅，压力不大，心得甚深。“哲普”作品的目的不正是如此吗？

本书之整理，要感谢叶莲芬小姐，她在中学担任繁忙的辅导工作之余，在短时间之内全力完成任务。出版社的编辑们也付出很大的心力，非常感谢。每次出新书，我都喜忧参半。喜的是心得可以与人共享，忧的是我还可以做得更好啊！

目录

◁主题一：

面对天下大乱

第一讲：虚无主义的危机

哲学，是对人生经验做全面的反省。人有理性，总希望能够明白人生究竟是怎么回事，尤其是在乱世里。周公制礼作乐之后，时代演变愈来愈快，到了春秋时代末期，可以用四个字来形容：周文疲敝。“礼坏乐崩”一语就足以说明周朝原来的构想失效了。一方面是天子失德，既无仁爱也无正义，百姓生活陷入困境；另一方面，社会开始急遽演变，有学问有专长的人流落到民间。春秋时代百家争鸣，其中最重要的是儒家与道家两派。儒家重视学习与修养，而道家老子所发展出来的思想则另有特色。

周文疲敝：文化失去活力

老子是哲学家，是道家的创始者。据司马迁《史记·老子韩非列传》记载，老子是楚国人，在周朝负责管理国家档案，他退休后骑青牛西出函谷关，遇到关尹（守关的官员），关尹听说老子很有学问，想请他留下一些智慧资产，所以老子在短期内写了五千多字。这是传说，要在短期内写出《老子》五千言，可能性不大，估计是由一群隐居的人长期生活留下的心得。据说后来关尹随老聃一起隐居去了。《庄子·天下》有一段说：关尹、老聃都向往“道”。过去谈“道”，通常会配合“天之道”或“人之道”。但是，作为道家的老子，他谈的是“道”的本身，并演变成一套完整的系统。

老子出关之后不知所终，重要的是他留下了《老子》。这本书又称《道德经》，共八十一章，一到三十七章称为《道经》，因为第一章开头是“道可道，非常道”；三十八到八十一章称为《德经》，因为第三十八章开头是“上德不德，是以有德；下德不失德，是以无德”，道与德合在一起，称为《道德经》，所说的和仁爱、慈悲、忠孝毫无关系。道，用一句话来说，就是“究竟真实”。如果用两个字来形容，儒家是“真诚”，道家则是“真实”。真诚只对人有效，而真实对万物都有效，因为宇宙万物都有其真实的一面。而虚伪的出现，是因为人的认知与行动，常常带来复杂的情况。“道”要回应的是：宇宙万物充满变化，背后有没有不变的本体呢？“德”是指获得的“得”，“德”与“得”在古代音意相通，与伦理道德无关，万物获得道所赋予的部分称作德。道与万物之间就靠“德”在联系及运作，而“德”又不能离开万物，所以说“德”是道在万物里的代表。譬如，一朵花，因获得道的支持，才能存在。万物获得道的部分，称作它们的本性与禀赋。唯一有问题的是人，人同样获得道的加持，不过人制造很多复杂的情况，是道所无法规定的，这就牵涉到比较深刻的问题了。

哲学家面对时代危机，要思考如何让人继续活下去。要活下去，有两个基本要求，仁爱与正义。仁爱就是发展经济，让人丰衣足食，可以养家糊口、传宗接代，一代代发展下去。但要维持正义比较困难。人有自由，有人行善，有人作恶，所以需要赏善罚恶，如果没有正义，任人胡作非为、巧取豪夺，社会就会混乱。儒家强调仁爱与正义，要具体落实在人的生活中。而道家则认为仁爱和正义必须推到最根源，从根本上化解这个问题。因此两家各有取舍。

回到周文疲敝。文化为什么会慢慢疲累毁坏呢？现在很多人谈国学，也有人疑惑为什么要谈这些老东西？文化分为三个层次：器物、制度、理念。器物最为具体，表现为经济繁荣发展，每个人都有方便丰富的器物以节省时间和力气；制度层次有法律与规范，能让社会秩序维持稳定；理念层次则无形无象，我们讲国学的目的，谈的就是理念。如果有人学了老子之后，希望仿效其中的器物与制度层次，就只能说是“小国寡民”。老子在第八十章提到“小国寡民”，人们老死不相往来，彼此不会比较，也没有纷争，因为比较是痛苦的来源之一。柏拉图也提出理想国的概念，他的国家只有五千零四十人，他认为只有这种小型国家，才能稳定和谐。

《庄子·天地》有个故事，子贡看到一个老人家辛苦地抱着瓮去装水，于是好心建议他用桔槔（汲水的器具）。没想到老人家生气了，他说：“吾闻之吾师：‘有机械者必有机事，有机事者必有机心。’”意思是，人使用机械之后，就会思考怎么样最便利，发展到最后，世界会变得非常复杂，所以老子主张回到原始状态，但今天可能没什么人想再回到原始的生活。

我们要学习老子的理念：什么样的人生是合理的，什么样的观念是正确的。我年轻时读到“强行者有志”（《老子》第三十三章），亦即勉强自己往前走就是有志向，有志向才会要求自己。这使我对人生有了不同的看法。后来念到“甚爱必大费，多藏必厚亡”（《老子》第四十四章），意思是过分爱惜必定造成极大的耗费；储存丰富必定招致惨重的损失。因为谁也无法预料天灾人祸。举例来说，一个人很喜欢搜集酒杯，家里有个酒柜，摆满了酒杯，后来地震时酒柜倒下来，酒杯全部碎光了，他从此再也不看酒杯了。

虚无主义：价值上与存在上

老子有很多语句可以当座右铭，但我们更希望能理解老子完整的思想。老子和儒家有什么不同？这得从分辨古代的两种虚无主义开始讨论。“虚无主义”一词来源于西方，但可以普遍应用，中国古代出现了价值上和存在上的虚无主义。

儒家关心价值上的虚无主义，这种虚无主义认为没有真假、善恶、是非、美丑。人发现善恶没有报应，在失望之余，自然会怀疑行善避恶的必要性。至于美与丑，看多了后会发现那也是相对的。这时只有求助于宗教，但所有的宗教都建立在善恶有报应的基础上，这样宗教才有可能发展。若今生没有报应，来世也没有报应，那么还有谁要信仰宗教呢？如果人生在世只要设法避开灾难就好，那只是消极无奈地活着。所以，如果在价值上出现虚无主义的困境，一般百姓将会手足无措，因为不知道自己的言行何时会惹祸上身，既没有善恶之分，也没有正义可言，这就是典型的乱世。儒家对此深感忧心而苦思对策。孔子与孟子想尽办法教导世人：只要真诚就会产生由内而发的力量，促使人行善避恶，然后快乐也将由内而发。快乐本身就是最好的报应，是行善的善报。孔子责怪原壤：“幼而不孙弟，长而无述焉，老而不死，是为贼。”（《论语·宪问》）他批评这个老朋友年轻时既不谦虚也不友爱，年长后更没有好的行为可让人称赞，这种人如果活得长久而不死，就可以称之为贼。此处的“贼”不是指小偷，而是指伤害做人的原则。一般人都认为好人应该长寿。我们过年时喜欢说五福临门,《尚书·洪范》所说的五福是：一、寿；二、富；三、康宁，健康平安；四、攸好德，所爱好的是德行；五、考终命，可以活得很老，安享天年。但是如果长寿却一直受苦，谁愿意呢？这套说法有很广泛的适用性，对外国人来说也可以成立。但是对儒家来说，问心无愧，才是最快乐的。这种快乐最可贵，也最可靠。如果肯定赚钱快乐，那么赔钱呢？从外而来的，将在外面失去，只有由内而发的才是我们可以掌握的，这是儒家最重要的观点。

道家比儒家看得更深刻。儒家关怀人群，道家则认为不必考虑太多有关人群的问题。道家关心存在上的虚无主义。这种虚无主义和生死有关，譬如《老子》第七十五章说："民之饥，以其上食税之多，是以饥。民之难治，以其上之有为，是以难治。民之轻死，以其上求生之厚，是以轻死。夫唯无以生为者，是贤于贵生。"每一个人都希望活下去，为什么有些人轻易就死掉呢？是因为在上位者税收太重，只顾自己吃喝玩乐，不顾百姓的生活，所以这涉及生死问题。不过《老子》第七十四章还有一句："民不畏死，奈何以死惧之？"意思是千难万苦唯一死，若连死都不怕，还有谁可以吓你？

这说明了当时的情况，非自然的死亡是普遍的现象，很多人认为活着同死去没什么差别，死后一了百了。这就是存在上的虚无主义。

吴稚晖是一位科学家，也是第一届“中研院”院士。他是一位无神论者，也承认自己是虚无主义者。所谓无神论者，代表他认定死后没有灵魂，也没有鬼神，更不用谈上帝。这种想法落实在生活里，一个人该如何生存呢？怎么跟别人来往呢？我尊敬吴先生，因为他很诚实，他说：“我是无神论者，所以人生只有四个字，‘一片漆黑’。死后埋进坟墓不是一片漆黑吗？”这种想法很消极。后来有人问他：“你是学者，应该讲一些比较积极的话吧。”他说：“人生只有三件事，第一，吃饭；第二，生孩子；第三，交朋友。”吃饭和生孩子，属于动物性的食色性也，是可以理解的。吴先生认为，人的世界比较复杂，所以要同各种朋友来往，人也可以通过交友得到一些快乐。这样的想法就是存在上的虚无主义，其实这种想法相当普遍。如今由于信息的流通，在发生天灾人祸时，不免令人想到自己也可能碰上同样的状况。这样的事情想多了以后，会发现生命只是一种偶然性：如果得意，是偶然得意；如果失意，也是偶然失意。人生就是佛教所说的“无常”，没有任何事情是稳定可靠的，也没有任何保障。在这种情况之下，危机显然非常深重。

老子比孔子年长约三十岁。孔子去拜访老子，老子规劝他不要太想有所作为，总想改善社会，让人们快乐地活下去。在孔子看来，若肯定这个世界的价值，就要设法做官，设法发展经济，好好照顾百姓。有个守城门的人说孔子是“知其不可而为之者也”，这句话显示了儒家的精神。儒家有一种悲壮的豪杰情操，看到天下大乱依然想努力改善，即使没有成功的把握。这是为了要回应内心的要求。道家同样希望人们过得快乐，但他们认为儒家这样做固然用心良苦，但耗尽一生力气却未必能够成功。因此，孔子回到家乡之后对学生说，我终于看到龙了。由此可见孔子推崇老子的高明智慧。

性格决定了命运的发展，但老子绝不只是性格特殊而已，他还有很深刻的智慧，看得比儒家更远。儒家看到人类的问题，而老子看到存在的问题，亦即不只人类，还有整个自然界。能掌握住这两个层次，老子的思想当然更为周全。西方学者特别喜欢研究老子的思想，他们认为老子有形上学，而儒家只有伦理学。伦理学讲的是人活在世界上要行善避恶，所以要先界定什么是善，什么是恶，然后去做该做的事。形上学超越善恶，只讲宇宙万物有没有本体，有没有最后真实的存在，如果没有，这形上学就变成虚无了；如果有，则形上学可以建立。老子面对的是存在上的虚无主义，这才是究竟意义的虚无主义。

西方学者特别欣赏道家，主要原因是他们知道人的言语有其限制。老子说“道可道，非常道”（《老子》第一章），接着是“名可名，非常名”。意思是：道，如果可以用言语表述，就不是永恒的道；名，如果可以用名称界定，就不是恒久的名。取名字很重要，因为人靠名字认定自己的存在。有一只动物跑过去，你却喊不出名字，这样等于什么都没见到。魏晋时代的阮修与人谈论有无鬼神的问题。有人认为人死之后会变成鬼，但阮修主张鬼不存在。他说：“自称看到鬼的人说，鬼穿着生前所穿的衣服。如果人死变成鬼，那么衣服也有鬼吗？”衣服是物质，鬼如果穿着白袍出现，那么鬼不见时白袍应该留下来，但白袍也不见了，白袍也有鬼吗？这就说明名称的重要。有些民俗观念也相当深刻，譬如人死了要喊他的名，把他的魂唤回来。名字代表个人，人会变，名字不会变，当然现在可以改名，那是别的问题了。名是不可或缺的，一物没有名字，对人而言也等于不存在。

名字是约定俗成的，它为什么可以扮演这么重要的角色呢？这就是人类思维的特色。老子顾及这些观念，西方学者当然佩服。他们只要看到："可以用言语表述的，就不是永恒的道。"这句话就够了。他们认为存在本身（Being）是无法形容的。他们常提到上帝，但是无法正面形容上帝，而只能用否定的方式来形容绝对完美的神。譬如：上帝不是太阳，上帝不是月亮，上帝不是海洋。这样讲都正确，因为上帝确实不是太阳、月亮、海洋，但却也等于什么都没说。老子说："道可道，非常道。"西方学者一看就懂，看不懂的人只觉得"玄之又玄，众妙之门"。老子在公元前六世纪时就有这种思想，西方学者直到一七八八年才将《老子》翻译成拉丁文，但"道"字很难翻译，只能音译，外国人实在看不懂。有人把"道"译成"路"，那么这个路就不是普通的路。所以西方学者始终觉得老子的思想神秘莫测。

老子的思想可以区分为两个部分：第一，专门属于形上学的部分；第二，落实在生活应用上的部分。司马迁《史记》里记载老子事迹的篇章称为《老子韩非列传》，这实在是委屈了老子。韩非是法家代表，如何与老子扯在一起？法家利用道家的形上学，而在《韩非子》有《解老》《喻老》

两篇，代表韩非认真研究过老子的思想，结果司马迁就上当了。

西方学者研究古代中国哲学，得到三点结论：第一，老子具有革命性；第二，墨子最保守；第三，孔子的思想承前启后，所以显得最温和。老子的思想是用“道”代替“天”。古代君王称为天子，只有天子才有天命。孔子最大的创见就是主张每个人都有天命，如他说自己“五十而知天命”，但在古代这样讲天命等于要造反了。从孔子以后，天命是每个人都可以理解的，都可以在自己身上加以肯定的。现在，老子用“道”代替“天”，所以西方学者认为老子的思想具有革命性。一般人只以为道家主张顺其自然、清净、无为、不争，老子怎么会与“革命”相关呢？另外，而墨子讲天志，明鬼，他主张做坏事鬼就会惩罚你。这是哄小孩的，很多坏人比鬼还凶。墨子还提倡兼相爱，交相利，因为大家都是上天的子女，上天的意志希望人类像兄弟姐妹一样相亲相爱。这是很好的理想，但恐怕难以实现。所以，墨家信徒摩顶放踵，到处帮助别人，甚至牺牲自己成全别人，最终变成游侠、刺客之类的人，这也是《史记·刺客列传》的由来。继续演变下去，则成为武侠小说里的人物，那些大侠的表现都像墨子和他的信徒，以天下为家，但观念却是最保守的，想要赏善罚恶，无法突破与创新。

换个角度思考人生意义

儒家比较温和，保持古代对天的信仰，以“承礼启仁”来承先启后。道家的革命性在于用道代替天。古代社会的稳定基础，在于百姓相信天生烝民，所以天子代表人间帝王，得天命者为天子，为百姓的父母。因此，道家以“道”取代“天”的做法，需要详加解释。老子这样做，有他很深的苦心，因为当时的天子既没有仁爱，也没有正义。这种天子，已经丧失他应有的意义。老子提出“道”的概念，就是要把人为因素去掉。也就是不要问那个人对我好不好——天子是人，是人就可能犯错；而要问“道”能不能为我有限的生命提供根据与基础。老子为了对抗存在上的虚无主义，提出“究竟真实”，也就是“道”。所以，人生在世，时间无论长短，都不用担心。活着只有一个任务：觉悟什么是道，与道重新建立关系。这就是道家思想的关键。觉悟之后，可以从道来看自己一生的遭遇。学习道家，有两个特别的观点：整体与永恒。从整体来看，我们就不会太在意一时的成败得失。永恒指的是最后都回归于道，没有来也没有去，没有得也没有失，没有成也没有败。

这种论述听起来有点像佛教，但其性质还是不同。佛教是宗教，背后有轮回的思想。道家则用智慧看透生命的整体，了解整个生命是怎么一回事。能做到这一步，生命的一切困扰就很容易得到解脱。人与人之间难免有各种冲突与挣扎，从整体来看，这都是小小的波折。譬如，小时候数学考得很差，回家挨了骂，十年后回想起来觉得很好玩。当我们在父母年老时问他们："是否还记得以前打过我？"父母心里一定想着：过去就算了。如果从生命结束的那一点来看，人生所有的一切都是过去就算了，这就是道家的思维。但这样会不会变得消极呢？确实有很多人接触道家思想后变得消极无为。但这正好入了陷阱，也是老子所要批判的存在上的虚无主义。老子批判这种虚无主义的目的，是要人活得真实，而什么是真实？你现在的生命就是真实。譬如，花的生命很短暂，但我们不能否定它现在的存在，它的存在有其理由。

这就是老子思想的重点。宇宙万物不管再微小，只要存在，就一定有它存在的理由。物理学告诉我们，拿掉一个粒子，宇宙就会有很大的变化，这就是蝴蝶效应。失之毫厘，谬以千里。但是，为什么没有这么多复杂的情况出现呢？比如在教室里，所有人都很安静，只有一个人在讲话，那么声音就很大。如果每一个人都讲话，就无所谓。在餐厅吃饭，如果别人讲话声音很大，自然你讲话声音也大，场面就会变得很热闹，你听不到别人说话，朋友也只听得到你说话，这是一种方法，使干扰互相抵消。蝴蝶效应之所以不常出现，是因为大家互相干扰，最后大致上抵消得差不多了，只有少数明显可见。

老子的思想，源自时代的困境，他要为当时的人指出一条全新的路。而孔子、孟子的路比较落实，重视社会教育，从事政治改革。老子思想较为超越，是因为他看透一切，认为再怎么努力改善，都是五十步笑百步。我们常说“天下分久必合，合久必分”，好像有一种规律，老子觉悟这种规律以后，决定不再执着。如果正处在合的阶段，努力要分也无法分。如三国时代非分不可，到晋朝时又统一了。所以老子思想可以跳开人的世界，再从整体看一切变化，明白变化的规律之后，领悟了智慧，就知道如何活在人间才是上策，这是他基本的思想路线。

现代人在三十岁以前最好念儒家，四十岁以后最好念道家，中间有十年缓冲期，因为有些人比较早熟，有些人比较晚觉。所以，年轻时念儒家，把自我实现与社会发展结合在一起。到了四十岁，发现这个社会欠缺些公平正义，至少没有你所想的公平正义，这时就要学道家。学道家可以看得比较透彻，不会常常执着在自己的情绪里。五十岁以后学《易经》，因为《易经》让你乐天知命。但是注解《老子》最有名的王弼（226—249），他只活了二十三岁，所以我讲的是基本规则，天才不在此限。

有关《老子》的版本，一九七三年湖南长沙马王堆出土了汉墓的帛书本，一九九三年湖北荆门郭店村“战国楚墓”出土了竹简本，但提供的资料太少，只有《老子》通行本的三分之一，无法鉴定《老子》很多重要的语句，但是帛书本《老子》就可以作为依据了。譬如，王弼的版本第一章是：“无名，天地之始；有名，万物之母。故常无欲，以观其妙；常有欲，以观其徼。”因为古代的书没有断句，很容易让后人争议不休。很多人喜欢讲“无”与“有”，老子其实不太谈单独的两个字，庄子谈得比较多。老子讲的是，无名、有名，无欲、有欲。无名、有名针对人的思考能力；无欲、有欲针对人的欲望要求。人的生命有两种基本需要，一方面要思考，另一方面又有欲望。所以老子特别提到无名有名，又提到无欲有欲，然而这两者同出一处而名称不同，都可以称作神奇，神奇之中还有神奇，那是一切奥妙的由来。所以《老子》第一章就具有关键意义，还好从帛书本《老子》中可以得到证实，知道原文如何断句。总之，我们先说明老子的思想背景，指出他针对存在上的虚无主义所提出的解决方案，是最具有革命性的。接着，就可以进入老子的思想天地了。

第二讲：与儒家的三点差异

儒家与道家各擅胜场，两者的主要差别在于：儒家以人为中心，道家以道为中心。孔子思想最有代表性的一句话是：“人能弘道，非道弘人。”（《论语·卫灵公》）他所谓的道，代表人生的理想，人生的正路，是靠人去弘扬，而不是由道来弘扬人的生命。一般人是“人不学，不知道”，没有接受启蒙，就无法明白人生的正路。儒家则认为只要真诚，就有力量由内而发，指点自己该怎么做。孟子告诉曹交：“夫道若大路然，岂难知哉？人病不求耳。子归而求之，有余师。”（《孟子·告子下》）道像大马路，怎么会难找呢？你回家去找，老师多得很，亦即每个人都可以从内在找到生命的价值。相对于此，道家所谓的“道”，并不局限于人的世界。人的生命受到时代、社会、年龄的影响，如果只注意人的生命，那么该以什么样的人为标准？有人说："万物都是为了人而存在。"那么海底许多无名的生物和人类又有什么关系呢？

不以"人"为中心的思考模式

人类生命的特色在于具有理性，具有"理解"能力，这个能力使人同万物区分开来。万物的存在，好像是为了准备让人类出现。人类出现之后，因为有"理解"能力，所以使宇宙多了一个可以反省思考、做选择的头脑。譬如，科学理论中的热力学第二定律，表述热力学过程的不可逆性，物质发展到最后，能量变成热量，而热量无法完全保存，或再次成为能量，慢慢失去效用，最后能量趋于疲乏，宇宙也走向死寂。这时该怎么办？法国哲学家德日进（Pierre Teilhard de Chardin，1881—1955）指出：宇宙持续发展，最后注定归于沉寂，而人类出现之后，可以思考，也能为宇宙选择未来的方向，所以人类的存在不只是为了人类，还要为整个宇宙找到方向，重新发展不同能源，让宇宙永远存续下去。这是西方的一套思想，也许大家不见得认同，但至少说明了在一百多亿年的演化过程里，人类的出现只是最近几十万年的事，并且和我们一样的智人，也只有两三万年的历史而已。宇宙好像突然出现了心智，有了思考能力，所以我们人类要为宇宙的未来找到方向。这是一张大蓝图，但能否完成这个理想呢？很难说。从人类历史发展来看，自相残杀的情况愈来愈严重，目前地球上核弹的数量可以毁灭地球七次。人类的聪明才智势必要调整方向，思考如何让宇宙永续发展，人类的生命也得以维持下去。

儒家思想以人为中心，肯定人有向善的力量，但不可避免的是，人可能因利益而为恶，而为恶的力量似乎更大。如果依照儒家的想法，什么时候才能达成正面的效果？知其不可而为之，结果还是不可。所以老子希望我们调整观念，设法突破以人为中心的观点去思考万物，亦即要从万物来看万物。譬如，我说熊猫最可爱，那是人的观点，熊猫可能不觉得自己可爱。人区分益虫和害虫，是以人为中心。又譬如花与叶子，花没有叶子衬托不美；我们也可以倒过来欣赏叶子，用花来衬托它。道家思想的可贵之处，在于认清：只要排除人类的价值观，就可以呈现万物本身的价值；如果不能摆脱人类中心的想法，万物的价值都将蒙上一层人类的观点。

我常用“楚王失弓”的故事来说明儒家与道家的不同。楚国国君有一把天下闻名的宝弓，有一天打完猎却不见了，四处都找不到。楚王说：“楚王失弓，楚人得之。”只要找到弓的是楚国人，就不必计较了。孔子听到此事就说：“何必曰楚？人失弓，人得之。”不管如何，只要弓在人的手上，就不必计较了。老子听到之后说：“何必曰人？失弓，得之。”不要说是谁失去，谁得到了，猴子、蚂蚁得到了也不必计较。第一步，以楚国为中心的思考模式，人难免有国家意识，古代也一样；第二步，儒家注意到人类的共同意识；第三步，要设法扩及万物的层面，就是一切都在宇宙里面，这就是整体。以道家思想来说，一旦突破了以人为中心的想法，就会出现整体观。以人为中心是强调社会性；如果突破以人为中心的思考模式，就会重视自然性。花是花，树是树，叶是叶，所有自然的一切，都有被欣赏的价值，也都有存在的价值。

以“道”代替“天”

老子思想的革命性在于以“道”代替“天”。“天”这个字有其历史性，由“天子”一路传下来，从夏朝、商朝到周朝。“道”这个字侧重宇宙性，注意到整个宇宙，合时间与空间而言。原始儒家主张的是“天人合德”，而不是“天人合一”。“天人合一”来自“人与天一也”（《庄子·山木》）。人与自然界是一个整体。后来演变成“天人合一”一词，意思是：天作为自然界，可以与人类形成一个整体。有些人以“天人合一”为中国文化的特色，这是有问题的。天如果是指自然界，那么人死了之后，尘归尘，土归土，本来就会回归大自然，不需要任何修养与修行，最后都埋到土里了。猫死了是天猫合一，狗死了是天狗合一，因为一切都在大自然里。把天当作大自然，就没有合不合一的问题。中国文化真正的特色，必须儒道分开来说。儒家讲天人合德，因为儒家强调人性向善，择善固执，最后止于至善。当德行达到完美程度，就像完成了上天交付的使命，孔子五十而知天命，所要求的是德行修养达到完美境界，要成为君子、圣人，即天人合德。“天人合德”在《易经·文言传》中也出现过：“夫大人者，与天地合其德。”这里的“德”字是指天地有大生、广生之德；在天地是“功能”，在大人则是“道德”。其次，天人合一也不是道家的最高境界，道家向往的是“与道冥合”，或者说是“与道合一”。亦即在了解整体以后，明白我这个个体回归到整体中，好像一滴水滴到海里，回到自己家乡，不再有任何困难、障碍或烦恼。庄子说得更直接，叫作“以道观之，物无贵贱”（《庄子·秋水》）。从道来看万物，万物没有贵贱之分。从人来看万物，万物当然有贵贱之分，花比草更可贵，黄金比石头更可贵，钻石比黄金更可贵，大官比小官更重要。这样就区分为各种不同的价值，但都是人为的与相对的，这一切从道来看是一个整体。

道家强调“道不等于自然界”。如果道等于自然界，会出现两个问题：第一，老子的书中有天地，又有万物，如果道等于自然界，无异于说道等于天地万物，那么老子为什么还要谈道呢？老子不像是一个找麻烦的人，他说：“吾言甚易知，甚易行。天下莫能知，莫能行。”（《老子》第七十章）

所以他对于自己受到误解也很无奈。我们读古人的书，有时会觉得伤感。孔子公开说：没有人了解我。为什么呢？因为古人使用的语言不是日常生活的语言，不是今天要做什么，明天要做什么。他们说的是原理，人的生命该如何安顿的问题。第二，道不等于自然界，那么道到底是什么呢？简单来说，它是自然界的根源，当然也是人类存在的来源。

明白道是一个整体，就会展现一种新境界，以西方的概念来说，称为“密契主义”（Mysticism）。用西方哲学对照中国哲学，有可能扭曲中国哲学，对西方哲学也不好。“密契主义”一词以前译为“神秘主义”，但这个翻译无法准确传达它的意思。譬如我们说：“张三这人神秘兮兮的。”这句话有装神弄鬼、予以否定的意味，也与密契主义毫无关系。密契主义有“整合”的用意。譬如一位佛教徒敲木鱼念经时，可能会有二三十分钟忘了自己是谁，这就代表他进入了密契境界。人的生命以“自我”为核心，有“自我”就有“非我”，自我与非我始终处在对立之中。所以人只要区分“这是我的”，那么“不是我的”范围一定更广，“属于我的”一定很少，我和所有人比起来永远是不够的，这是个压力。所以，如果进入密契境界，就会从整体来看，就等于你和对象合而为一。

密契主义有四点特色：第一，不可说，亦即说不清楚。我们平常使用语言表达时，是相对的情况，譬如一朵花，这朵花与我相对，我可以形容它；如果这朵花与我合在一起，如何形容？苏东坡说："不识庐山真面目，只缘身在此山中。"既然说不清楚，语言就失去了效果。第二，暂现性，短暂出现。人不可能长时间处在忘我境界，大约三十分钟，两小时是极限。第三，被动性，不能加以操纵。如果可以操作，就变成人为的，而不是正常的密契经验。第四，再现一种生命力，也就是鼓动生命力，活得更有劲。密契经验使人回到能源的基础，生命取得能量之后，就有勇气再出发了。所以人在经历密契经验之后，会觉得生命又有了新的力量。道家思想到了庄子时，表现得特别明显，他要与道为友，经常回到能源的基础，使生命取得力量，可以逍遥自在。一般人以为道家思想是消极、无为、不争，其实这只是说人与人之间是相对的，没必要争，但是后面有个道做基础，境界就不同了。

我们要记得，道是一个整体，宇宙万物都在这个整体里面，从未离开过。西方哲学讨论万物的来源时，有两个不同的立场：一是创造论，由神创造万物；二是流衍论，从神那里把万物给流衍出来。有一个形容词叫"满而溢"，满了之后就会溢出来。如同阳光，本身丰盛的亮光可以照亮整个宇宙。这两种不同的解释都是为了回应：人类的生命是怎么来的？人应该如何安排生活？如果以中国哲学来对照，创造论比较偏向儒家，《诗经》说："天生烝民，有物有则，民之秉彝，好是懿德。"天生育众多百姓，有事物就有法则。百姓保持常性，所以爱好美德。儒家以这句话作为标准，《孟子·告子上》引述《诗经》这句话，接着说："孔子曰：'为此诗者，其知道乎！'故有物必有则，民之秉彝也，故好是懿德。"孔子认为这首诗的作者懂得人生正途啊！儒家讲人性向善，是说真诚会引发力量，使人由内而发去行善。因此，人活在世界上应该行善避恶，最后止于至善，在过程中压力很大。行善涉及客观条件能不能配合，或者相对的人有没有好的回应，人与人之间的误会能否消除等。至于道家，则认为宇宙万物都是从道而来，最后再回归于道，老子说"反者道之动"（《老子》第四十章），反就是回归，道的运作是让万物出现，最后又回归于道。如果把它想象成一个整体，则里面的力量不断流动，即使流出来也是为了再回去。这就是为什么儒家讲行善，道家则不愿意再讲行善，因为如果一切从道而来，最后又回归于道，那么谈善恶的意义何在？善恶的前提是自由，我们可以问：人有自由吗？这是一个大问题。

哲学必须要面对人有没有自由的问题。什么是自由？自由是一种完全没有限制的状态吗？或者自由来自我的本性中某种引导的力量？这是两种不同的解释。法国哲学家萨特和卡缪先后得到诺贝尔文学奖，两人都念哲学，学识与口才都好。一九四〇年希特勒占领法国期间，他们在巴黎主编地下抗德报纸。有一天，两人在咖啡馆里辩论“人有没有绝对的自由”。萨特主张有，卡缪主张没有，谁也不服谁。后来卡缪问萨特：“如果人有绝对自由，那么你能不能检举我，说我是抗德分子？”萨特沉吟良久，最后说：“我不能。”卡缪说：“因此，人没有绝对自由。”什么是自由？这个问题并未解决。我们只是从这个辩论中了解，人没有绝对自由，关键是“绝对自由”四字是一个矛盾的概念。开车有没有绝对自由？车子总要走在路上，如果开车有绝对自由而能用飞的，那就完全脱离了“开车”这个概念。自由代表一个主体，可以思考，可以选择，有很多选项，但不是漫无标准、毫无边际。譬如，我有三个选择，从中择一，这就叫作人的自由。如果我有无限的选择，那就没办法思考自由是怎么一回事。

例如我的手能自由挥动，表示我有自由。但如果我离墙壁很远，就必须跑到墙壁旁边，手才能自由拍打墙壁。宇宙万物一环扣一环，很多环节我们并不知道，今天为什么会说这句话？为什么会做这件事？从开始就已经决定了，人所能够选择的，往往是很小的一部分，但通常我们会以为自己有自由。

与老子思想最接近的西方哲学家，是近代的史宾诺莎（Baruch Spinoza, 1632—1677）。他是笛卡儿（René Descartes, 1596—1650）之后理性主义的重要人物。史宾诺莎是犹太人，犹太人是典型的创造论者，他们相信上帝创造人类，所以人类要顺从上帝的旨意。他受笛卡儿影响，认为人应该使用理性去了解什么是上帝，最后他论断说，上帝如果存在，应该是唯一的，那么这个世界在上帝之内呢还是在上帝之外？这个问题无法回答。世界如果在上帝之外，世界对上帝就构成限制。世界如果在上帝之内，世界与上帝就无法区分，这就成为泛神论了。泛神论肯定万物是神，神是万物。史宾诺莎二十三岁时提出此思想，立即受到压制。二十四岁时，犹太教的长老要他放弃这个想法，并付给他终生俸，想收买他，但史宾诺莎选择服从真理，服从良心，宁可被开除教籍。犹太人本来人数就少，被犹太教开除更是走投无路。

他住在荷兰，独居，以磨镜片为生，专心写作与研究，出版一本名为《伦理学》的书，不过内容却是探讨形上学的。后来，德国海德堡大学请他担任讲座的主讲人，他只想了几分钟后说道："我现在的生活已经很好了，为什么要改变呢？"就拒绝了。他很了解自己要什么，改变代表不可预测，改变之后会更好吗？没有人知道。世间再好的荣誉与声望，在他看来，都在一个整体里面，根本不算什么，何必在意呢？

史宾诺莎认为宇宙是一个整体，所有的一切都在里面。他很清楚地宣称，人以为自己自由，其实并不自由；他也说，人的自由来自人的本性之必然性。必然性有先天的和后天的，内在的和外在的。内在的必然性是人与生俱来的基因。对于前因有充分了解，就知道后续结果会如何发展。我们必须承认，没有人可以摆脱内在的必然性。我们从小念书，讲的是中文，我们的思想里就有中文的观念，如强调孝顺父母、光宗耀祖等。和外国人谈这些，他们听不太懂，也不知道原因。每一个人的生命里都有内在的必然性，但这并不妨碍人的自由，因为外在的必然性是不存在的。我们可以排除外在因素的控制，如大学的讲座对史宾诺莎而言就是外在因素，他可以排除，有拒绝的自由。但身为犹太人，则是他内在的必然性，他无法摆脱这对他思考所产生的基本影响。

西方哲学家的理论在遇到问题时，可以延伸出许多概念，这些概念可以把理论讲得更完整，以减轻问题的分量，但问题仍不能得到根本的解决。如果你问："道"为什么要产生万物？道无法拟人化而与你对谈。西方人则把上帝看成和人一样具有位格，可以思考，有意志，也有感情，所以他们问，上帝为什么要造人？和中国人说的"人穷则呼天，痛则呼父母"是类似的想法。基督徒问上帝，到底我做错了什么，你给我这些折磨？最后，他们得到的答案和孟子所说的差不多："天将降大任于是人也，必先苦其心志，劳其筋骨，饿其体肤，空乏其身，行拂乱其所为，所以动心忍性，曾益其所不能。"（《孟子·告子下》）所以，孟子的天和西方的上帝有类似的能力和作用。老子的道与史宾诺莎的泛神论观念比较接近，道家的观念是要让你觉悟道是一个整体，由此可以让你一生逍遥自在。有关老子的生平资料较少，而关于庄子实际生活状况的资料就比较多了，他过着贫困的生活，但是比任何人都快乐。所以外在可见的苦乐、穷通，对内在自我没有什么影响。庄子设法说明：人间的荣华富贵，表面看起来会让人快乐，其实可能带来痛苦；相反，人间看起来的委屈、无奈，却可以转成积极的逍遥自在，这就是道家精彩的地方。史宾诺莎也有类似想法，人因为了解而可以不受限制，最怕的是不知道自己受什么因素控制。譬如，喜欢名利却不自知，还以为自己做的事都对，有人鼓励就去做，结果和预期不同就很难过，到最后变成一个锁链，一环扣一环。卢梭说："人类生而自由，但到处都是枷锁。"所以，从道来看万物，亦即从整体来看，没有一个个体是完全自由的，而是在整体里互相限制，互相约束，但了解这种限制的因素和来龙去脉，就可以得到解脱。这是道家的智慧所在。

以德报怨：包容一切

儒家强调的是德行修养，要立志成为君子。孔子每隔十年就提升到不同的境界："三十而立，四十而不惑，五十而知天命。"（《论语·为政》）道家没有修行问题，它讲的修行你听了也没用，它考虑的是门槛问题。天下只有两种人，跨过去的和没跨过去的，而大多数人没跨过去。老子说："天下莫能知，莫能行。”跨过去的少数人所讲的话，我们听不太懂，他们的生命境界和我们距离太远了。我们对老子的生平了解不多，只知道他活在乱世。他反对战争，甚至说：“战胜以丧礼处之。”（《老子》第三十一章）这也是老子对乱世的一种反省。《论语·宪问》中有一段话源于老子：“或曰：‘以德报怨，何如？’子曰：‘何以报德？以直报怨，以德报德。’”老子的意思是，别人对你有怨恨，要用德行来善待他。理由是“和大怨，必有余怨”。（《老子》第七十九章）两个人有很深的仇怨，和解之后还会剩下小仇恨。所以不要只是和解，还要用善意来对待他。但是孔子不以为然，他认为人际相处要看对象，以德报德，你对我好，我对你也好；然后以直报怨，直代表什么？真诚而正直，有话直说，逾越了际限，只好法庭相见，因为法律也代表某种正义。人只有两种要求：仁爱与正义。儒家思想侧重于正义，希望善恶都有适当报应。道家思想比较偏向仁爱，愿意包容一切，所以老子喜欢把道当成母亲，母亲对于子女是全然的包容。父亲的意象代表正义的要求，犹太教、基督宗教、伊斯兰教都以父亲意象为主，要求正义。东方宗教比较偏向母性角色，如印度教、佛教、道教，都特别注重慈悲这一面。

既然是道生出万物，万物又回归于道，那么天下大乱是道要负责，还是人类要负责？在老子看来，是人类要负责，因为道创造的万物中，如果没有人类，宇宙只是生态平衡。但是没有人类的话，宇宙也没有意义可言。什么是意义？意义是理解的可能性。人类出现之后，具有理性，他的要求理解就使意义得以产生，如果没有理解能力，就没有意义问题，而只有存在而已，不会出现存在是为了什么的问题，所以人类的理性思维是老子所重视的，但他并不重视读书，他说："为学日益，为道日损，损之又损，以至于无为。"（《老子》第四十八章）庄子说得更直接："吾生也有涯，而知也无涯。以有涯随无涯，殆已！"（《庄子·养生主》）生命是有限的，知识是无限的。人类出现之后，出现了理智，理智的本能就是要理解，由此才出现各种意义的问题。道家属于智慧学派，从人类理性基本的要求出发，设法把理性功能从低处往高处提升，最后抵达智慧。这是稍后要进一步讨论的。

老子思想和西方的泛神论很接近，但不完全一样。泛神论的缺点是把万物等同于神，把神等同于万物，这样的神缺乏超越性。什么是超越性？西方学者常会讨论：上帝创造了万物之后，上帝在万物里面还是外面？如果上帝在万物里面，那不是泛神论吗？所以他们强调上帝与万物还是有差别的。千万不要小看“差别”这两个字，多少西方学者就靠强调这两个字，才免于被火烧死，因为泛神论违背他们的宗教原则，要接受宗教审判。十二世纪以后的宗教法庭非常恐怖，用宗教名义批评别人是异端，就可以把人烧死，圣女贞德就是其一，历史上很多聪明的女性都被当成女巫烧死。因此，若要保护自己，必须说：“神在万物里面，但是神和万物还是有所差别的。”如此可以保障神的超越性，这个人就能活命。超越性与内存性（内在性）不一样。譬如，我说：“这朵花是玫瑰花。”在此，“玫瑰花”一词不受限制，它除了在这朵花里面，也在很多别的玫瑰花里面，所以我说“玫瑰花”时，并不代表只有这一朵是玫瑰花。我们要从这种方式开始，去设法理解西方人的思考模式。如果有人说“这朵花是玫瑰花，玫瑰花是这朵花”，因为A等于B，好像可以对调说B等于A，这样讲就不对了，在语言逻辑上也行不通。这朵花是玫瑰花，但不能说玫瑰花是这朵花，因为别的地方还有玫瑰花。所以“玫瑰花”在此有其超越性，显示了普遍性，能用在每一朵玫瑰花上；同时“玫瑰花”也有其内存性，因为这真的是一朵玫瑰花。

回到道家思想，道在哪里？道无所不在，桌子有道，椅子有道，但并不代表桌子是道，椅子是道。所以道在这里，不代表道被它限制，这叫作超越性。了解超越性之后，就知道什么是变化，什么是变化背后的真实。宇宙万物充满变化，没有任何一刹那是停下来的，相对于此，人的概念是静止的。一个孩子出生，第一件事是要取名字，因为名字是一辈子不变的，孩子每天都在变，如果不使用名字，根本无法找到这个人。同样，道在万物里，任何地方都有道，如果没有道，万物不能存在。但是，道不等于万物，万物消失之后，道不受任何影响，这叫作道的超越性。这是了解道家的关键。道同时具备超越性以及内存性。宇宙万物任何地方都有道，因而才能欣赏万物之美。道家为什么喜欢讲美感？因为宇宙万物都有道，任何一朵花，一片叶子，都可以让你看到道的力量在表现，但是道又不只在这里，道也可以超越这一切，否则道就跟着万物一起消失了。明白这个观念，就知道西方学者何以特别推崇道家了。

第三讲：从认知提升到智慧

从认知提升到智慧，是老子思想的重要观念，《老子》共八十一章，其中没有明确的系统，所以要设法找出线索来加以说明。

作为万物之灵，人的认知能力与其他生物不同。其他生物的感觉能力远超过人，而人最可贵的是理性，使我们可以认知与思考。思想的内容是各种不同的概念，概念以“一”来统“多”。对动物来说，每样东西都是特别的，全凭感觉掌握当下。人类不一样，欣赏风景之后可以写一篇文章，描写风景之余，还可以写出内心感受，使文章看起来很有趣味。

理性能力如何运作呢？人的理性跨过了“反省的门槛”，可以反省自己，意识到自己，展现“自我意识”。具有自我意识，是人类生命最微妙的特色。人知道我是我，不是别人，这就是反省的能力。一只狗在吃食，狗知道自己在吃食，到此为止。一个人在吃饭，人知道自己在吃饭，并且知道他知道自己在吃饭，所以才有餐桌礼仪，例如，吃饭时要请父母先吃。自我意识浮现之后，可以跳开自己来观察自我的情况，然后做理性的思考，进而深思熟虑。

以知为区分

一个人有认知能力，才能存活下去。小时候在幼儿园看图识字，看到猫、狗，知道是宠物，人类的朋友；看到狮子、老虎、鳄鱼，知道是猛兽。但到了动物园立刻知道这些是活生生的动物。没有两只老虎是一样的，但人类可以了解老虎有什么共同特性。没有两个人是一样的，每个人都有人性，但人性的演变就非常复杂了。动物也会演变，有的老虎比较凶狠，有的比较驯良，但只要是老虎都会咬人，饥饿了尤其如此。而有些人宁愿饿死，也不愿意吃对他不礼貌的人所提供的食物，所谓“不食嗟来之食”。由此可见，人的生命特色要从他的认知能力说起。

每一种生物都因本能上具有某种优势才能存活。人类要想安全地活下去，就必须区分有益的、有害的。但是利之所在，弊亦随之，因为区分之后就会产生欲望，这是千古不变的道理。欲望会造成各种困扰，如僧多粥少，必定竞争，而竞争往往两败俱伤，甚至各种困扰通通出现。老子了解认知的相对性，他说："五色令人目盲，五音令人耳聋，五味令人口爽，驰骋畋猎令人心发狂。"（《老子》第十二章）老子看得很清楚，人的问题是因为力量分散在时间空间里，生活行程从早到晚排得满满的，一下见这人一下见那人，最后都不知道自己是谁了，只剩下一堆符号，总经理、董事长、老师，等等。

老子对于社会上所形成的各种区分深具戒心。他喜欢单纯，能够一个人做的事，不要麻烦两个人；吃一样菜就饱了，不要吃两样菜。变得单纯，心思就不受干扰，可以节省很多力气。老子强调活得长久，还要活得健康，要做到这些，只有学习收敛自己，让生命不要向外发散，以免表面看起来很热闹，而内在的能量已慢慢耗尽了。

人类社会的价值观是相对的，老子说："天下皆知美之为美，斯恶已。"（《老子》第二章）"恶"是"丑"的意思，天下人都知道这样叫作美，那么丑就出现了。最明显的是选美比赛，首先设定美的标准，合乎这个标准的称为美女，不合乎的就是丑女。有位艺人唱了一首歌，歌词是“我很丑，可是我很温柔”，听到他说自己丑，大家觉得比较安慰，但后面那句“我很温柔”，使得大家都不敢说自己很温柔，言下之意就是自己很丑了，这种观念是社会风气所影响的。两种特质其实不同，美人可以温柔，丑人也可以温柔，其间没有排斥性，把美丑同温柔连在一起，情况就复杂了。

老子说：“天下皆知善之为善，斯不善已。”（《老子》第二章）天下人都知道这是善，不善就出来了。譬如，我宣布张三是善人，他每年捐一百万给孤儿院，所以他是善人。很多人没有一百万就不能成为善人了吗？这样不是剥夺人行善的权利吗？这是外在的标准，否定了内在的选择。所以，老子强调社会所设定的是一个相对的价值标准，不管它的目的是什么，都会造成困扰、竞争与各种复杂的欲望。他说：“不尚贤，使民不争。”（《老子》第三章）不推崇谁是杰出的人才，百姓就不会相争。譬如，汉朝举孝廉，推举孝顺廉洁的人出来做官，就造成竞争。庄子说过一个故事：演门有一个人在父母过世之后，伤心得形销骨立，官府认为他是良好的示范，于是让他做官。后来全村的人都跟他学，结果死了半数的人。寓言故事不见得是真的，但凸显了人性的脆弱与多欲。老子也说："不贵难得之货，使民不为盗。"（《老子》第三章）一块宝石，如果不特别去推崇，百姓就不会想当强盗。电影中常有抢劫银行、赌场、稀世珍宝、名画等情节，正是因为里面有难得之物，大家都认为它贵重，它自然就成为觊觎的对象。"不见可欲，使民心不乱"（《老子》第三章），不要展现可欲的东西，百姓的心就不会惑乱。

他还说："法令滋章，盗贼多有。"（《老子》第五十七章）强盗为什么那么多？因为法令太多了，人很容易就陷入法网。法令愈多，漏洞愈多，于是就出现了很多强盗。因此老子认为如果没有法律，反而没有人会成为强盗，因为没有人知道什么是好坏的标准。构成竞争激烈的重点大学，也是一个例子。在教育界多年，我更能明白重要的不是学生入学时的表现，而是他们毕业时学到什么。重要的是结果，而不是进了什么名校，否则反而造成不必要的困扰。

以知为避难

老子分析人的认知，首先是为了生存，所以需要区分；区分之后，就有欲望；欲望产生，就会造成困扰。这是左右为难，所以要往上提升，因认知而能避开灾难。我们都知道“勾践复国”的故事，勾践卧薪尝胆，最终成功了。而协助他复国的范蠡、文种，下场却不同。范蠡带着西施远走他乡，他知道勾践可以共患难，但不能共富贵。文种继续当大官，最后死于非命。“狡兔死，走狗烹；飞鸟尽，良弓藏。”（《史记·越王勾践世家》）如果读过老子的书，就知道他教你功成身退，可以避开灾难。他很喜欢讲的是知足，“知足不辱，知止不殆”（《老子》第四十四章），知道满足了，就不会受侮辱，知道停下来，就不会有危险。他说“祸莫大于不知足，咎莫大于欲得”（《老子》第四十六章），最大的灾祸就是不知足。其实人活在世界上，要过知足的生活并不难，只要约束自己，到此为止就好了。还想得到什么东西，就会出现“咎”，亦即灾难或别人的责怪，这些都来自不知足。

老子说要使百姓“无知无欲”（《老子》第三章），因为没有知就不会有欲。《老子》第一章很重要，如果能念懂，就能掌握老子的思想。无知就是要人化解对“名”的执着，因为人的认知是用概念（名）去思考，自然会对名所指涉的人为价值产生执着；无欲就是不执着什么欲望。百姓无知无欲，就能过得自在，没有什么困扰。所以，避开灾难可以参考历史经验作为对照。譬如，看到别人受苦，就要问他为什么受苦，也许他的生活已经不错了，却还要投资，结果投资失败。什么地方会有灾难？当然是大家都想要的东西、位置、成就，加入争夺就有灾难，这实在是无可奈何的事情。

很多人读《老子》只懂得区分会带来灾难，若要从区分提升到避难，就比较不容易了。“知其雄，守其雌；知其荣，守其辱；知其白，守其黑”（《老子》第二十八章），雄代表站上台面，雌代表我知道如何站上台面，但选择站在台面下；我知道什么是荣耀，但我隐藏在屈辱里面；我知道什么是白，也就是显扬出来，但我守在黑的地方，因为一冒出来，就会成为别人斗争的对象。我们在社会上生存，人与人相处的许多花招就是从老子的思想衍生而来的。你要拿一样东西，就要先给出去，“将欲取之，必先与之”（《老子》第三十六章）。我女儿的星座与我的相同，喜欢的东西差不多。她小时候，看我喜欢什么她也想要什么。学了《老子》之后，我喜欢一样东西，就先说我不喜欢，给你吧！她说，你不喜欢的我才不要，然后东西就顺利地到我手上了。这社会许多事情岂不一样？

老子能看到全面的发展。你的目的是什么，中间的手段如何，要想得完整一点。这听起来有点深沉，但并非老子的目的，他只是提醒人要活得平安快乐，就一定要懂得避难，因为福与祸相生相倚。“祸兮福之所倚，福兮祸之所伏”（《老子》第五十八章），福底下藏着祸，祸旁边靠着福。受过痛苦灾难之后，就很容易快乐，因为苦尽甘来。如果享福过多，小心灾祸会接踵而来。“塞翁失马，焉知非福”的寓言是老子思想颇具代表性的注解。马是贵重的财产，塞上有个老翁的马走失了，邻居跑来安慰他，老翁就说：“你怎么知道这不是好事呢？”隔了几天，这匹马带了一群野马回来，邻居见状跑来道贺，老翁说：“你怎么知道这不是坏事呢？”隔了一段时间，他的儿子骑野马摔下来断了一条腿，邻居又跑来安慰，老翁说：“你怎么知道这不是好事呢？”又过了一段时间，发生了战争，他儿子因为摔断腿不用去当兵。

我们要问两个问题：第一，谁是那个邻居呢？我们就是那个邻居，总是看表面，看到别人发财就羡慕，看到别人倒霉就同情。第二，谁是那个老翁呢？就是老子。他和一般人不一样，会从正反两面看待同一个问题，无论别人羡慕他还是同情他，他总认为后续还有其他发展。在生命结束之前，福和祸不能下定论，这出自老子的整体观。

学习道家最难的一点，就是要领悟整体观，目前只要能做到对于一时的成败得失不要太在意，就算不错了。

以知为启明

《庄子》书中描写了几位美女，其中有一位叫作丽姬，她父亲是晋国边疆的守卫官。有一次晋国国君巡视边疆看到这么美的女子，就要把她带回宫里，丽姬舍不得离开父母，哭得眼泪沾湿了衣襟。可是当她跟着大王回到宫中，每日一起享用山珍海味，睡在宽大舒适的床上，这才发觉当初的哭泣实在没有必要。庄子进一步解释，对一般人而言，死亡是最大的灾祸，但也许死了之后才体会到前所未有的快乐，早知道就不必担心死亡了。这就是为什么我们讲老庄思想时，要提醒年轻人不可断章取义或以偏概全。庄子讲这个故事是为了说明：没有人知道死后的情况如何，所以没必要过于担忧人间的灾难或死亡，没必要增加自己情绪上的困扰。

要了解一个人，不能只看表面，必须静下心来，掌握他的来龙去脉，这时候一定要闭上眼睛，让心思明亮起来。所谓启明，就是从整体的角度来看。"明"这个字在《老子》中介绍过五次，我举比较具体的来说明。第一，"知常曰明"（《老子》第十六章）。常是永恒，也是平常，能了解永恒的、平常的状况，叫作明。一般人只了解变化的东西，若能体悟什么是不变的，就代表觉悟了。什么是不变的？道是不变的，自然界的规则是不变的。第二，"见小曰明"（《老子》第五十二章）。能看到细节或小地方，才是真的觉悟了。以前我住在学校宿舍，老师检查内务都是看角落，看大家不注意的细节。若能注意细节，其他的就不会有什么问题了。认识一个人，不要只看外表或头衔，要留意小动作，由小见大，就叫作见小曰明。第三，"知人者智，自知者明"（《老子》

第三十三章）。了解自己叫作明，了解别人叫作智。智就是明智，了解别人，代表我很精明，但重要的是了解自己。苏格拉底喜欢引用戴尔菲神殿上的一句话——“认识你自己”。很多心理医生这么询问病人：你了解自己要什么吗？你所要的如果真是你要的，当然没问题，也无关好坏，但通常我们都是受别人影响，以至于根本不知道自己要什么。英国作家王尔德有句名言：人生只有两种悲剧，一种是得不到我所要的，另一种是得到我所要的，得到了之后才发现和原本预想的不同。

时至今日，这个问题仍值得我们深思，人不能什么都要，所以必须做选择，也必须放弃很多选项，如果选择的正好是你所要的，就心安理得而感到愉悦；如果你比别人更努力奋斗，最后得到的却不是自己所要的，又怎么会开心呢？就像歌德所写的，浮士德与魔鬼做交易，只要魔鬼能满足浮士德，浮士德就把灵魂给他，但到了最后，浮士德发现他要的是帮助别人，在帮助别人的过程中才能得到快乐。这和老子的想法可以契合，通常我们都会希望从别人那里得到什么，可是得到的愈多，愈发现自己的不足，等到哪一天觉得够了，可以开始付出了，也表示拥有了自己想要的东西。

老子的“自知者明”和“不自见故明”是一样的意思，不认为自己看到的都是对的，以及了解自己的情况，都叫作明，代表没有执着。庄子喜欢用镜子做比喻，人的心像一面镜子，镜子只要是干净的，上面没有任何灰尘，就能照见真相，也就是照出原形。通常我们看不清一个人，是因为我们自己的心思也不单纯。镜子布满灰尘，照见什么都是模模糊糊的。

如何修炼到“明”的境界呢？老子提出两个方法，第一是虚，第二是静。老子强调“虚其心，实其腹”（《老子》第三章），肚子尽量吃饱，但是内心最好单纯，虚不是空虚，而是指单纯，一点都不复杂。接着说“弱其志，强其骨”(《老子》第三章），心志最好减弱些，但身体筋骨要强壮。“虚”这个字在《庄子》里衍化得更为透彻，“虚室生白”，空虚的房间会显得亮堂，要是房间堆了很多东西，无论光线再怎么亮，仍旧会有阴影。我们的心也是一样的，要能“复归于婴儿”（《老子》第二十八章），小孩子的心思很单纯，只要看到母亲就很开心，只要看到牛奶瓶就很快乐，没有什么别的念头或欲望。人愈长大，烦恼愈多，但是到了退休之后又返璞归真了。人退休之后，回首平生，会发现其实很多烦恼是不必要的。但是不管必不必要，生活还是要过的，如果你没有自己的理念，只是把不必要的东西去除，怎么生活下去呢？所以老子的意思是，虚其心之后不是让它就空无了，而是要换上一种不同的内容，叫作道。让内心觉悟自己与道在一起，这样就不再有所欠缺。

儒家与道家有些类似的观念。孟子说：“万物皆备于我矣，反身而诚，乐莫大焉。”（《孟子·尽心上》）“万物皆备于我”的意思不能光从字面上来看，而是要反向思考，意指万物在我这里都齐备了，我基本上不需要万物，然后自我反省，发现自己做到了真诚，那么内心的快乐是无法比拟的。在道家方面，庄子的快乐，是让心可以与道结合，只要心的虚达到极致，道就会显现在其中。道家喜欢把道比喻成光明，光明代表智慧的觉悟，这种光明是内在的。老子喜欢说“光而不耀”，有光但是不要刺眼。老子又说“和其光，同其尘”（《老子》第四章），在团体之中，若自身的光芒太耀眼，很容易成为别人对付的对象，因而要懂得收敛，要能够混同尘垢，别人身上都是灰，你也稍微沾染一点，若是完全干净，别人就把你排除了，说不定会招致危险。所以和光同尘，就是了解外在的环境，尊重其他人的情况。

老子说：“善人者，不善人之师；不善人者，善人之资。”

(《老子》第二十七章)我们现在常说的“师资”，就是来自此。我是善人，我能教不善的人；不善的人则是善人的镜子，因为看到不善的人，才知道自己要多加警惕。“资”也可以当“凭借”来说，没有不善的人，怎么知道自己是善人呢？所以不能说我是好人，坏人与我无关。在老子眼中，没有好人与坏人之分，因为好坏是相对的，善跟不善亦是。许多人行善，是因为条件配合得好，譬如，富人可以捐钱行善，就被称为善人。有些人没有余钱可捐，并不代表他不善。对于善与恶，不能光从表面来判断。

有些人长得美，有些人长得丑，那是父母给的容貌。但美丑是表面的，会随着判断者的标准而改变，况且现在被认为美的人，就真能持续下去吗？等到老了、病了、丑了，这个时候就要看得开，从外表回到内在。如果没有内在的觉悟或德行修养，外表的美反而会造成负面的判断。老子认为，从整体来看，美丑善恶都是相对的，既然是相对的，就不必执着。庄子也说，从道来看万物，万物没有贵贱之分；从万物各自来看，都是自贵而相贱。花认为自己漂亮，草不好看；草呢，却觉得树木不好看。美的判定都是以自己为标准。庄子曾问，什么是真正好看的颜色、好看的人呢？美女走到河边，鱼看到都游走了，鸟儿看到都飞走了，所以人类认为美的，在其他生物看来未必如此。道家不以人为中心，因为人的价值观只适合人类社会，离开人类社会，根本一无是处，只是在求生存而已。

明白了知的三个阶段，“区分，避难，启明”，现在出现另一个问题：它们之间有什么关系？愈了解区分就能更懂得避难吗？这不是连续性的发展，不是了解一百种区分，就懂得避难；知道一百种避难方法，就启明了。三者中间是一个跳跃。我们小时候活在一个区分的世界里，什么都要跟别人比，功课、才艺，甚至是用具，都要跟别人比较，这就是区分。后来你发现样样都胜过别人不好，别人会把你当目标来对付，所以才开始懂得避难。老子说“圣人被褐怀玉”（《老子》第七十章），圣人身穿粗糙的衣服，怀里揣着美玉，表示有真才实学。如果披着锦绣衣，手中拿着宝玉，就糟糕了，会变成慢藏诲盗（《易经·系辞上》），东西没有藏好，财外白了，等于是叫别人来行抢；下一句讲女性“冶容诲淫”，形容女孩子把自己打扮得很妖艳，衣着太暴露，容易引起坏人的邪心。任何事情的发生，只要是相关的，就难免有某种程度的责任。

有人说儒家重视阳刚，道家重视阴柔，这不是没有道理的。阳刚代表要求正义，学习儒家思想就要收敛自己，修身养性，遵守礼仪与法律，好好过一生，并且真诚可以从内心引发力量去行善，使人孕生内在的快乐。道家比较偏向阴柔，老子说“柔弱胜刚强”（《老子》第三十六章），一棵树非常挺直，站得很稳，可是刮大风的时候，它却是第一个被吹倒的，为什么？因为它不肯弯曲。反之，大风吹来，柳树随之摇曳，完全不必担心会被吹折。庄子说得更有趣，大风来的时候，可以把屋顶都掀掉，但是胜不过他的一根指头，因为指头有关节，可屈可伸。老子也多次用水、婴儿、母亲作为比喻，他认为水是最柔弱的，“上善若水”（《老子》第八章），最高的善就像水一样，水不与万物相争，又主动流往低处。柔弱胜刚强，代表最好有柔软度可以调节，不需要硬碰硬，以免很多事情流于意气之争，造成不必要的麻烦。由此可以归纳出，儒家强调人要正面修炼生命的各种条件；道家则偏向顺应一切。

老子认为人间的问题在于人的认知能力。认知能力出了问题，会导致无法想象的灾难，因此人要设法由区分之知提升到避难之知，再从避难之知提升到启明之知。追求虚要达到极点，虚到最后没有内在的执着，完全放空之后，看任何东西都很清楚。虚之后，还要静。人是动物，需要活动，但很少有人在活动的时候可以思考。试想，你能够一边慢跑一边思考吗？想必很容易摔跤。希腊哲学初始之际，主要兴趣在于研究宇宙的根源何在，第一位哲学家泰勒斯每天都在观察天文与星象，有一次他让一个侍女提着灯笼跟在后面，他则专心抬头望天，怎料却不小心掉到浅井中，他的侍女就笑他："我们的主人，连地上都没看清楚，居然想去看天上。"这是一则他的趣闻。但是他很有本事，朋友劝他从事赚钱的工作，他半年就搞定了。橄榄油在希腊是重要的产业，他花了一段时间研究，发现某一年的橄榄会丰收，于是他提早把所有的榨油设备都租下来，再高价转租给需要使用的人，这么一来一往，把一辈子的钱都赚到了，他说我现在可以好好研究哲学了。

静下来之后才能明，庄子说，水静下来，就显得明亮，何况是人呢？人的心静下来，看任何东西都很透彻。老子提到圣人修行的过程，就是虚与静二字。

哲学是对人生经验做全面的反省，所以第一步要研究逻辑，亦即思考方法以及认识理论，就是人能够认识什么东西，又能认识到什么程度。第二步要研究形上学，探讨一切变化的背后有没有究竟真实。我在解说老子时就是用《究竟真实》为书名。永远不变、不受干扰的就称为道。老子、庄子的哲学，在形上学的层面，有很多看法可以同西方最高层次的哲学家并列。最后一步，要研究伦理学，就是如何把形上学应用在生活中，毕竟人在人群中生活，总要行善避恶，要分辨怎么与别人来往，善恶怎么界定，善恶的理由是什么等，这就是伦理学。

道家思想中的“知”，有点像知识论，就是通过知的三个层次，最后直接掌握道，从道这个层面去了解万物，才可悟得智慧。道家也教我们做人处事，原则是全身保真，一生平安度日，保有真正的自我。这就是研究道家的目的所在。

主题二：道的深刻意义

第一讲：道是什么？

老子是道家的创始者，他对“道”的看法当然是核心的观念。如果我们能够正确理解“道”的概念，对于两千多年来中国文化受道家影响的部分，将会有特别的领悟。

《老子》提到关于道的部分主要有六章：第一章、第四章、第十四章、第二十一章、第二十五章、第四十二章。最关键的是第二十五章，专门讲“道”是怎么出现的。

古代对“道”的定义，道就是路，代表途径，任何东西的存在和发展都有途径，这涉及了两个问题：第一，它存在吗？第二，它如何发展？发展需要在时间里展开，需要有路可走。现在所说的花道、茶道，指的也是一种途径、一种方法，使得花和茶能够将其存在的特色表现出来。道作为途径则牵涉到规律，因为发展到最后会有固定的规律，像宇宙的发展，春夏秋冬就变成一定的规律。根本上，道是指存在，宇宙万物如果没有存在，又怎么会有规律？没有花，怎么会有花道呢？没有茶，怎么谈茶道呢？所以道本身作为规律，作为途径，最后都要还原到有没有什么叫作“道”的东西。

万物的来源与归宿

《老子》第二十五章专门探讨这个问题，“有物混成，先天地生”。“混”代表还没有区分。没有区分，就不能分别。没有分别，就没有个别的东西存在，它是浑然一体的，好像看到朦胧一片，只知道有东西，却不知道是什么，一旦说它是什么东西，就有了区分。这即黑格尔所说的，肯定就是否定。当我说这是一张桌子（肯定），就代表这不是别的东西（否定），所以肯定就是否定。当我还没有说这是什么东西时，它有无限的可能性。一块木头可以是门，可以是窗，可以是墙壁，一旦被制成椅子，它就不能是墙壁，不能是门窗了。《庄子·应帝王》中有一个浑沌的故事：南海之帝为儵，北海之帝为忽，中央之帝为浑沌。倏与忽常相会于浑沌之地，浑沌待之甚善。倏与忽谋报浑沌之德，曰："人皆有七窍以视听食息，此独无有，尝试凿之。"日凿一窍，七日而浑沌死。这是一则寓言，说明一旦区分之后，就很难再回到原始的状态。原始的状态是尚未有所区分，代表一种和谐。

心理学家研究人所遭遇的困难与痛苦，认为人在离开母体子宫之后，终其一生都在寻找重回母体的方式。母体所指并非只是母亲，而是一个归宿，让人可以安定下来，感觉一切都好，不再有任何需要与欲望。"有物混成，先天地生"一语清楚地告诉我们：道是早于天地而存在的。所以，有人把道等同于天地、万物，当然是不能成立的。上有天，下有地，中间有万物生存发展的空间。老子认为道存在于天地产生之前，至于要怎么理解它，我们要借用西方哲学的概念，西方学者对于宇宙本体的研究，和老子的心得有相似之处，西方用"自因"一词来形容，就是"自己是自己的原因"，我们所见的一切都是"他因"，这朵花是别的花的种子生成的，这张桌子是由树木提供的木材制造成的。我们所见的每一样东西，都是另一个原因造成的结果，它本身不可能作为自己的原因。人类也一样，都是父母所生，那么父母呢？是他们的父母所生，然而这样的问题无法一直追问下去，因为问到最后只有两种可能，第一，是猴子（其实是某种灵长类）变的，但为什么今天猴子还是猴子，只有我们的祖先变成人？第二，推到上帝。推到上帝之后，就不能再问上帝是谁造的。我女儿读的是基督教幼儿园，老师会念圣经故事给他们听。她三岁的时候问我："老师说世界是上帝造的，那上帝是谁造的？"我跟她说："这问题太复杂了，你长大以后就会懂了。"到了小学五年级，她说老师教的是人不是上帝造的，而是猴子演化的。事实上这是达尔文的假设，从来没有被证实过，达尔文也承认他无法找到演变的每一个环节。

我们对"上帝"的定义是，它只能创造万物，本身不能被造。也许有人会认为这个定义不公平，那也没办法，总要推到最后有一样东西不能被造，它自己是自己的原因。凡是被造之物，其原因是在外的。我的诞生，原因是父母，父母在我之外。所有的东西都是外面的另一个原因造成的，这叫作他因。只有一样东西是自因的。假设没有自因者，宇宙万物怎么可能出现呢？《诗经》说"天生烝民""天作高山"，中国古人将天当作最后一个自因，没有人再问天是怎么来的，天本来就是自己有的，如果不满意这样的答案，也没有别的办法。在思考老子的道的时候，以道代替天，道本身是自因的，一定是永远存在的。这就是参考西方学者研究之后的答案，宇宙万物之中，一定有某样东西是自因的，由它来创造万物。

整体与永恒的观点

继续看《老子》第二十五章。“寂兮寥兮”，代表寂静无声，空虚无形，听不到也看不到。接下来两句话就重要了，“独立而不改，周行而不殆”，充分显示了老子的智慧。什么叫独立而不改呢？它独立存在而永远不变，所以它一定是永远存在的。宇宙万物一直在改变之中，有改变就会慢慢消失。《庄子》中有一个故事，他说河水经过风吹日晒，应该会慢慢干涸消失，它之所以能够保持流水，是因为有源头活水。所以不要小看“独立而不改”这五个字，它说明道是永恒的，没有任何改变，亦即符合我们所谓自因的条件。“周行而不殆”是指循环运行而不止息，到处都有道，但是它不会停下来，这就叫作普遍性，道永远存在，没有任何减少，任何地方它都可以照顾到，它可以成为天下万物的母体。“先天地生”“可以为天下母”，天地指的是自然界的天和地，天下则包括万物。老子的道是一个形而上的道体，也就是道的本身，是一个绝对而究竟的真实。

我们很难想象在两千多年前就有这样的思想。读再多的西方哲学，看到老子这段话都会深感惊讶。西方哲学家问：“宇宙是怎么来的？”如果不讲哲学，只讲科学，宇宙有大爆炸、大霹雳。但大霹雳是怎么来的，没有人知道，最后宇宙还会结束，它的生灭即使是两百多亿年，听起来好像很久，但是只要是在时间过程中，最后都是会消失的。因此必须找个理由来解释，它既然最终会消失，起初为什么要出现呢？

接着老子说：“吾不知其名，强字之曰道。”这两句话相当关键。“道”这个字是老子勉强说的，道无法用眼睛去看，无法用耳朵去听，是万物的来源。宇宙万物从道而来，最后再回到道里面去，既然从道而来，就不可能离开道而存在，亦即万物皆有其规律。能够离开道的只有人类。人类离开道是因为认知偏差，走错了方向。我们已经谈过认知的三个层次，区分、避难、启明，将来讲“德”的时候，再进一步讨论人的认知是怎么一回事。回到《老子》第一章，“道可道，非常道；名可名，非常名”，如果不给它取个名字“道”，我们就无法进行讨论，但要谨记我们讨论的道，并不是道本身，道本身是不能说的，它是包含一切的整体。

老子的思想显示他在哲学上的高度，这也是西方当代哲学家海德格尔（Martin Heidegger, 1889—1976）特别推崇老子的原因。海德格尔是德国哲学家，也是存在主义的代表。存在主义强调“存在”这两个字，即“选择成为自己的可能性”。

西方哲学在中世纪以后重视思辨，近代哲学从笛卡儿一直到康德、黑格尔都偏向唯心论，以人的理性来作为了解万物的基础，因为万物本身没有意义问题，唯独人有思考能力，也才会有意义问题。而当意义的问题出现之后，谁能提供答案呢？还是要靠人类的思想。

到了存在主义，焦点着重在：我的生命有什么特色。我是团体中的一分子，还是我的生命是独一无二的？于是“存在”一词就演变成选择成为自己的可能性。海德格尔的代表作是《存在与时间》，他用“时间”两个字来切入，因为只有人类才有时间意识，其他生物对时间没有特别的感觉。人类的意识，时时刻刻都在问自己：我现在在做什么，在扮演什么样的角色？或者我在选择成为我自己，但是做我自己，是要做别人眼中的我呢，还是做自己心目中的我？这样的疑问最后还是回归到老问题，我了解自己要什么吗？存在主义的思考模式对现代人很有启发性。过去，西方哲学重视知识论、形上学，而存在主义对于个别的人的生命特质加以掌握，它所谓的存在是指个人的存在，而不是普遍的存在。

海德格尔晚年在德国遇到来自中国的萧师毅教授，萧教授在德国主编一套中文百科全书。海德格尔认为自己相当了解老子思想，但是坊间各种翻译本都没有写出老子真正的精髓，所以他希望和萧教授一起翻译。但两人讨论了八章就意见不合，萧教授批评海德格尔不懂中文，海德格尔说萧教授不懂老子，两人因而散伙了。这段故事是由萧教授写下来的，他还写了一副对联送给海德格尔——“孰能浊以静之徐清？孰能安以动之徐生？”（《老子》第十五章）谁能在浑浊中安静下来，使它渐渐澄清？谁能在安定中活动起来，使它出现生机？只看第一句，会以为老子的思想是让人逃避世界，避免纷扰，其实任何哲学家都有两面性。就像孔子很欣赏他的学生曾点的志向：“暮春者，春服既成，冠者五六人，童子六七人，浴乎沂，风乎舞雩，咏而归。”（《论语·先进》）孔子被形容为“知其不可而为之”，但他却说要配合天时地利人和，过得轻松一点，带朋友去河边洗洗澡，唱唱歌。所以，一个学者也许是一个特定学派的代表，但他内心总是希望兼顾动与静的。老子也不例外。

海德格尔认为西方学者在研究路线上出了差错，他们从人们所见的万物来界定什么是存在的根源，因为结果总是带有原因的某种成分，也就是可以从结果推到原因，但是这种推论出来的原因也是相对的。譬如，看到一只小动物，从它的形貌可以推出它的父母是什么样的动物，但无论怎么推都是相对的，因为我们还是不知道它的根源。西方人讨论上帝，不能说上帝是什么，只能说上帝不是什么。万物一直在变化，道却是独立而不改的，道与万物完全不同，怎么可以从万物推到道呢？海德格尔完全认同老子这种观点，就是分辨道与万物：道是独立而不改的，而万物都在变化之中。

道家的用意是要化解存在上的虚无主义，如果道也在变化之中，就不能解决这个问题了。因为凡是变化之物，最后都会消失，就像人死了之后什么都没有了。可是如果领悟了道，就不用担心，因为道是一切的根源，道是自因的，然后人生只有一个目的，就是与道结合。怎么样使一滴水不要干涸，方法是：把它丢到海里去，它就不会被太阳晒干，也不会被风吹干，自然就没有干涸的问题了。人的生命也一样，要让生命永远存在，就让它回到根源，回到道里面。万物的来源找到了，万物的归宿也找到了，万物从道而来，最后回归于道，所有的一切是平衡和谐的。但是人类因为有理性，要求理解，所以会问：为什么要多此一举呢？就像西方学者提出的问题，如果上帝造人是为了爱人，为什么不直接让人死了以后升天堂呢？如果上帝是完美的，什么都不欠缺，为什么要创造自由的人，结果出现好人和坏人，还要特别造个地狱惩罚坏人，这对于上帝的仁爱不是有所伤害吗？西方中世纪初期出现“万物复原论”学派，认为万物不论好或坏，最后都会回到上帝的怀抱中。印度教及佛教加上了轮回之说，做了坏事就继续轮回，最后修成正果，这也是符合万物复原论的一种想法。但这种想法很难得到人的理解，因为历程拖得太长了，轮回恐怕是几十世、几百世，轮到最后也看不出人有变好的迹象，人类愈轮回好像愈痛苦。如果说人类愈轮回愈快乐的话，还有一点希望，这一世比上一世好，下一世比这一世更好，但是没有人可以证明。我们只发现痛苦的人愈来愈多，没有减少的迹象，所以这是一大挑战。

尼采提出更有趣的说法，在他之前的斯多亚学派已经把宇宙当作一个封闭的宇宙，因此有了“万物循环”的论点：世间所有的一切，都是重复过去走过的轨道。譬如，一百年以前我们已经吵过架了，但是今天还是要吵，不能摆脱这个宿命。尼采的想法听起来有点奇怪，但是只要了解宇宙是封闭的，就一点也不奇怪。如果宇宙是封闭的，宇宙里面的能量是一样的，物质是一样的，它再怎么碰撞，最后只能形成一种有规则的不断重复，但有可能变得不一样吗？这个问题他也无法回答。

在思考人的生命或宇宙万物来源这一系列的问题上，西方最高明的哲学家同样束手无策。若问老子：“道为什么那么麻烦，让万物出现，最后又回到道里面？”他只能说，事情就是这样发生的。了解老子的思想系统，就能明白道是一个整体，人在整体里面，从它而来，又回归于它，要尽量减少因为个人的认知所带来的操作，操作愈多，带来的困扰就愈多。“无为”就是不要有心造作，不要自以为聪明弄得天下大乱，人生的宝贵时间往往就在收拾残局中浪费了。

老子又说：“人法地，地法天，天法道，道法自然。”地指地利或具体的自然环境；住的地方靠山，生活就要配合山的特色，打猎为生，山上各种特定的植物、动物都会影响人的生活。“人法地”可以保障人的生存，并学习合宜的生存法则。“地法天”，是由人的观点，想要找到地的法则之缘由，天指天时或宇宙的规律。像春夏秋冬不是地可以决定的，是天在决定；什么植物生长，出现什么生态，都靠四时来决定。“天法道”，这也是由人的观点，向上追溯到天的依归，由此体悟了道（如不争、无为等），天本身还有更高的一个层次，在安排天的运行。最难说明的是“道法自然”，“自然”是指自己如此的状态，任何一物若是保存“自己如此的状态”，就是“与道同行”。《老子》出现五处“自然”，意思都是“自己如此”，换句话说，宇宙万物为什么是这个样子，开花季节为何会有所不同，没有人知道，它就是这个样子，所以道所展现出来的这个样子，我们只能接受。如果一定要人为造作，将来会出现问题，亦即不可能持久。自然界本来如此的状态，可以维持长久，老子的道和万物的关系，就这样联结起来了。

如果我们再问，道是怎么生出万物的？《老子》第四十二章说：“道生一，一生二，二生三，三生万物；万物负阴而抱阳，冲气以为和。”道展现为统一的整体，统一的整体展现为阴阳二气，阴阳二气交流形成阴、阳、和三气，这三气再产生万物。万物都是背靠阴而面向阳，由阴阳激荡而成的和谐体。道生一的“生”，代表展现。这个说法与“易有太极，是生两仪，两仪生四象，四象生八卦”（《易经·系辞上》）类似。“一”代表整体，因为是整体，所以只有一个，有两个就不是整体了，有两个就代表部分。“二”代表阴和阳，阴代表受动力，阳代表主动力。讲到变化的时候，先讲气的变化。气就是阳气与阴气，变化就是由主动力与受动力合成一个变化运动的整体。阴阳二气交流形成阴、阳、和三气，这个“三”比较特别，因为从三以下直接接到万物，三生万物。为什么只说三不说四，或是五或六呢？因为阴与阳的结合，形成一种特定的和谐状态。花本身有阴气也有阳气，阴阳的比例造成它和谐的状态，使它成为这样的花，而不是别的花。任何东西都是在肯定自己之后，才能够出现的，一旦肯定之后，就不能改变了。从一棵树取得了木材，用木材做成桌子，就不能做成椅子，还没有做成之前，它有无限的可能性，一旦做成桌子，就不能做成别的东西了。阴气和阳气有各种比例的结合，一旦结合成一样东西，就不能再结合成别的东西了。所以到三的时候，阴、阳、和三种气就可以直接展现出万物，因为万物都是阴、阳、和三个力量的结合。万物负阴而抱阳，万物是背靠阴而面向阳，由阴阳激荡而成的和谐体。

《庄子》直接说阴与阳无异于人的父母。心理学家也提醒我们，男性会拥有阴柔的特质，女性也有阳刚的成分，因为性格本就是阴与阳调和而成的。男儿有泪不轻弹，只是未到伤心时；女子虽弱，为母则强。其他万物也是类似的组合情况。老子认为，从道展现出来成为万物的时候，经过了阴与阳两种气的中介，这也符合《易经》的理论。

我们希望老子也能多谈阴与阳，这样就可以做对比研究了，但只有一处出现，只能说是“孤证”。即便如此，还是能让我们有所了解，像“负阴而抱阳，冲气以为和”一语明白地告诉我们：三就是阴气、阳气与和气。庄子则是从语言使用的角度来思考。“一与言为二，二与一为三，自此以往，巧历不能得。”(《庄子·齐物论》)意思是，“有一”与“说‘有一’”就形成了“二”。亦即关键在人的认知及判断，由此形成语言表述的世界，使原始的“一”被分别为“二”。依此类推，这个“二”加上未分之前、不可言说的“一”，又形成了“三”。但这样一来，重点已经由万物生成转移到人的认知作用了。

悟道方法：虚与静

老子认为，宇宙初始之际只有道存在，道是一个整体，阴与阳两种气在其中展现。古代中国人喜欢用气来代表动力，一个是主动，一个是受动，这两种气互相激荡摩擦，形成了万物。每一样东西都有阴和阳的成分，结合在一起，形成一种和谐的状态。人类科技再怎么发展，也无法创造出一根草、一朵花，就算是复制人，还是需要从另一个活体移植某些细胞。老子将宇宙万物的变化，用一个最根本的原理来解释。为什么需要讲"一""二""三"？因为需要找到中介，因为从道直接来到万物上，比较复杂难解。道是一，是整体，它是永恒的；万物是变化多端的，在变化生灭之中。老子认为，在这里可以用"德"（得）来代表，通过德的中介，使道不要直接触及万物，道的超越性得以不受损伤，保持超然独立，宇宙万物可以继续变化，不会对道有所损伤。这也是在哲学上建构系统的方法之一，不要让超越界与个别事物直接接触。

西方谈万物的来源，有一种说法是万物由神的“观念”造成，从宗教的传统立场来说，所指的就是耶稣。上帝创造世界，以耶稣作为“言语”，上帝说有光就有了光，它不直接创造，“说”是一个中介，所以耶稣被称作上帝的“言语”，称为圣言，这对西方哲学影响很大。西方一千三百多年的中世纪哲学，都是以基督宗教为基础，肯定上帝通过言语，亦即通过耶稣，以他作为中介。若是万物直接由上帝创造，那么永恒性与变化性如何结合会是一个大问题。懂西方哲学的人念《老子》，会有不同的想法，“道生之，德畜之”（《老子》第五十一章），德作为中介，就能使道暂时摆脱被万物变化干扰的危险。

道显示了整体而永恒的观点。整体和空间有关，永恒和时间有关。人的生命就在时空里面延展开来，你说空间很大，宇宙很大，但是它作为一个整体，再怎么大，也是一个整体而已。至大无外，最大之物是没有外面的东西。道是一个整体，人从这一整体来看，会觉得自己没有什么得失问题。如果领悟道家的观念，会明白人在整体里面，不论怎么样都不会离开人的世界，就算是到了月球，还是用人的观念在思考，这是无法摆脱的。所以一个人练习从整体来看个别事物，个别事物都变成不可或缺的，它是整体的一小部分，也同样值得珍惜。永恒是打破时间的限制，不要只看昨天、今天、明天，因为人的生命从开始到结束，都在时间里面变化，变化代表危险，因为它不可预测。如果从永恒来看，变化根本不是问题。庄子曾说："如果我的手会变成一只鸡，我就用它报晓；变成一颗弹珠，我就用它来打野鸟，再烤来吃。"这说明变化是一定的，我们的健康能维持多久呢？没有人知道，也许可以再活几十年，但百年之后总是要结束的，那么你现在活着是在做梦吗？如果从未来的角度看今天所发生的一切，真的是在做梦，谁可以忍受这种情况呢？若是从道来看待一切，会懂得珍惜人生的每个刹那，刹那是与永恒有所关联的。

老子的道，一方面说明了它是万物的来源与归宿，一个人只要知道自己的来源，也知道自己的归宿，就没有什么好担心的。另一方面它能让人从整体来看，从永恒来看，整体可以突破空间的限制。一个人如果内心开阔，再小的地方都显得开阔；反之，要是内心狭隘，再大的地方也是狭隘的。所以我们要学习从"道"的眼光来看，它是整体的。那么时间上呢？庄子会说一个夭折的婴儿比一个老人家更长寿，泰山还不如一个土丘来得高。庄子希望人打破相对的观念，相对的比较。从永恒来看，没有东西存在过，没有发生，也没有结束。所以庄子说，最高的智慧，就是了解从来不曾有万物存在过。

第二讲：道与德的配合

在《老子》一书中，道当然是关键概念。道本身具有超越性，它是自因的，天地万物皆源自道。但是它的超越性与天地万物之间的关系要如何解释，就成为一个问题了。面对这个挑战，老子的说明是：道以德为中介来连系万物。万物来自道，它从道所获得的，就称为德。所以获得的“得”，与道德的“德”意思相同。这样的思维在《庄子》中说得更清楚：万物得之于道者，就称作德。一个人生下来有什么样子，什么德行，这叫作本性，是这个人的特色。花有花的德行，树有树的德行，每一种生物都有它特定的本性。一般来说，万物的本性就称作德。老子设法做到两点：第一，保持道的超越性；第二，要让道同万物有某种关系，亦即万物获得道的支持称为德，代表万物本身特有的本性与禀赋。童话故事里，一只小狮子出生后被羊带去养了，每天喝羊奶，慢慢长大，却不可能因此变成羊。生而为狮子，狮子的本性与禀赋就已经存在了。这个故事告诉我们，每一样东西都有它天赋特定的状况，因此只要能理解、把握，做好你自己，就不用面对很多不必要的挑战，压力与威胁也相对会减少很多。

德是万物“得”之于道者

道有两种性格，一是超越性，二是内存性。内存性即内在性。就是道一方面超越于万物，一方面内在于万物，掌握住这样的双重性格，就能了解老子的思想。一般人比较重视老子的处世格言，如“知人者智，自知者明”（《老子》第三十三章）。不过这些属于应用层次，如果能够了解老子的道与德，也就是属于本体的部分，将能有更深刻的体认。什么是超越性？西方学者论证上帝的存在，有三条路线：

第一，宇宙万物的存在，需要充足的理由。譬如，我眼前有一个杯子，这个杯子并不是自己长出来的，就连桌子都是有人安排放置的，这些在人的世界很容易了解。自然界呢？什么地方生长什么样的植物，什么地方有什么样的生态环境，这些都是自然条件配合好，就这么产生了。那么，宇宙万物最初没有存在，最终也会消失，根本上等于虚无，那么它现在为什么存在呢？这就需要充足的理由，否则不能解释万物存在。如果没有充足的理由，万物不可能出现。我们如果不能接受浮生若梦，就必须肯定上帝存在，作为万物存在的充足理由。这个论证很简单，我们所见的万物都是他因，亦即需要有一个自因者。

第二，黑格尔说，自然的就是必然的。我手上拿着笔，一旦放开手，笔就掉到桌上；秋天到了，叶子自然落下。宇宙万物一旦确定了规则之后，就没有例外。但人的本性就不一样了，一旦牵涉到人的世界就会变得非常复杂，必须面对三个根本问题：痛苦、罪恶、死亡。自古以来，这三个问题让多少人困扰，无异于人生的三大悲剧，也是人生的三大荒谬，若是不能解决这三个问题，人生终究陷于茫然不解，会令人感到深刻的无奈。要解释痛苦、罪恶、死亡，必须牵涉到上帝作为最后的解释理由。如果上帝存在，那么当你受苦受难时，其实是要让你通过这种煎熬，走向更美好的未来。

什么是罪恶呢？当你有犯罪的诱惑时，就要觉悟往上提升的困难，知道体谅别人的错误。若有一个神当作救赎的力量，这一切都很容易解释，死亡也不再构成威胁，死亡之后并非一片虚无，只是通往另一世界的通道。反之，如果没有上帝，这三个问题便都没有圆满的答案。

我们先假设一个没有神的世界，人类是地球上唯一的生物，那么人类与其他动物有什么差别？人死后也不过是枯骨一堆。根据专家研究，地球上曾经出现过一千亿人，现在活着的有七十亿人，那么过去的一千亿人到哪里去了？我们要问，人生有意义吗？什么是意义？意义就是理解的可能性，“意义”两字不能离开“理解”，只有人是具有理性的生物，也才有意义的问题。其他万物没有意义的问题，花开花落，无须问其意义，条件成熟它就开，条件结束它就落。如果人与其他生物一样，那么只有一条路可以走，就是想尽办法避开不愉快的事，避开各种灾难，好死不如赖活着，多活一天算一天。没有烦恼痛苦，就会觉得快乐，这样不是很消极吗？但即便如此，最后还是要结束的，这是人生的无奈。

痛苦、罪恶、死亡三者，也是造成春秋时代末期虚无主义盛行的原因。处在那样的乱世，活着没有什么快乐，善恶没有什么报应，做好人没好报，做坏人也不怕，这样的人生，你可以想象吗？如果无法理解这样的人生，就表示人生没有意义。高中生早上七点出门，晚上十点回家，每天念书十五个小时，这样的生活有意义吗？因为要上大学，所以这一切是可以理解的。假设教育部突然宣布高中生通通不准念大学，大学通通关闭，这些高中生的努力就完全没有意义了。所以，把人生想成高中生升大学，因为有大学这个出路，过去的努力、受苦受难才可以理解。如果没有出路，所有的努力都是白白受苦，白白受难，谁愿意呢？当然要想尽办法避开了。

如果要充分说明人类世界的三大危机与挑战，最后还是要诉诸一个超越界，也就是道。道家就是通过对道的觉悟，化解生命的压力。庄子喜欢把道当成造物者，因为道创造了万物。如果道是造物者，庄子就可以同它沟通。“者”字在中文中代表具有位格。造物者与造化不同，造化是冥冥之中的力量，无法沟通；造物者则像人一样有位格。庄子说自己“上与造物者游”，意即造物者无所不在，因为万物都源自它，它在万物里展现出力量，于是人在任何地方看到万物，都可以看到造物者显示它的智慧与力量。道家在这时就可以敞开心胸，体认到自己的痛苦化解了。

庄子显然深受穷困之苦，他在妻子过世时，还敲盆唱歌，因为他认为妻子终于回到天地这个大家庭里，不再只是做一个人而已。身为人，只是一个偶然的情况，是各种条件配合而成的。这样的思想，比众生皆有佛性的境界更为开阔，因为连无生之物也统合在一起了。庄子认为一切都是气的变化，阴气与阳气就是我们的母亲跟父亲，人类死亡解脱之后，又转化为别的生命，树木、花草都无所谓。这种道家的思想是从宇宙万物最根源处，以道作为超越界的代表，由此化解了人的问题。若是连死亡都不怕了，还需要担心什么？比起死亡，痛苦与罪恶只不过是短暂的过渡，不用太在意。

第三，在生命过程中，每个人都会出现绝对依赖的感受。我们活着总有相对的依赖感，出门口袋不能空空，靠工作得到固定的待遇，在家靠父母，出外靠朋友，但是有一天终究会发现，人有绝对依赖的感受。心理学家的研究指出，很多人的抑郁症，是来自他突然觉得没有依靠。其实他拥有的很多，物质生活非常富裕，但偶尔会感觉到自己的生命有如无底深渊，不知道这一生所为何来。当一个人吃不饱、穿不暖的时候，他把焦点放在追求生存的条件，反而每天认真工作，赚了钱就很开心。具备这种条件之后，接着会问，这样就够了吗？如果生命这样就够了，在面临结束时怎么办？抑郁症就这样出现了。所以一个人在生命过程中，迟早都会察觉到一种绝对依赖的感受，感受到生命没有基础，生命是落空的，得到、失去都好像梦境一般，这时就需要投靠绝对者，亦即通过这种绝对依赖的感受，找到超越界才有安顿可言。

存在主义强调这样的感受，这是从克尔凯郭尔（S. Kierkegaard, 1813—1855）之后发展出来的，使人感觉到自己的生命是相对的，所以需要一个绝对者作为依赖，使这个相对的生命不至于迷失或陷入虚无。人的信心，通常来自互相鼓励，就如庄子所说的，泉水干涸了，几条鱼困在陆地上，相呴以湿，相濡以沫，不如相忘于江湖。江湖比喻绝对的领域，也即道。平常我们互相安慰鼓励，是人与人之间相对的支撑力量，但这样是不够的。我教书一辈子，常常鼓励学生要有信心，而事实上很多老师也会陷入抑郁。因为当他鼓励别人的时候，觉得自己好像很有把握，但鼓励完毕之后，自己也同样要面对存在的问题，我这一生就是如此吗？我要做我自己，还是要达到生命的某种目的？生命的目的是相对的吗？若是相对的，早达到与晚达到，甚至不达到，有什么差别呢？在那一瞬间，生命陷入一个抉择，或者全部都有，或者全部都无，在英文称作 all or nothing，或者全有，或者全无，这种生命的张力与压力很大。

德：本性与禀赋，人的问题？

前面三点可以说明道的超越性，人的生命需要有道的超越力量，作为最后的依据。接着要谈道的内在性，道的内在性正如庄子所强调的，“道无所不在”。老子用“德”来作为道的化身，加持在每一样东西上，万物再怎么多，都是从道而来。万物从道所获得的就是德，这个德代表本性与禀赋，所以万物是什么就是什么，其中只有人类有自由。因此道家面临一个很大的挑战，就是：人的自由是怎么回事？我有铲平一座山的能力，这种能力是我的禀赋，道既然给我这种能力，我如果真的把山铲平了，道也不能怪我。道给每一个人自由，赋予其思考的能力，人就可以用自由加上思考，去做很多怪异的事情，甚至背离了人之道。

我们前面说过，人间的灾难是从区分而来。譬如，澳洲中部本来不是沙漠，可是英国人占领澳洲时自作聪明，从英国本土运来特定的树苗，用来取代澳洲中部的树木。澳洲四面环海，空气中的咸度特别高，只有当地土生土长的植物可以存活，所以澳洲中部会形成沙漠，完全是人为造成的结果，破坏了自然界的生态平衡。地球上有许多地区的生态浩劫都是人为造成的。有一个印度人到处旅行，看到香港人喜欢吃青蛙，就回去把家乡的青蛙都抓到香港卖钱，隔年家乡全村的人都患病死了。因为青蛙被捕走，蚊子大量繁殖，疟疾再度侵袭居民。这样的例子数不胜数，自然界本身保持着平衡，但是人类一出手，万物就遭殃。

我们强调儒家重视的是德行修养，学习儒家要有志向、有恒心，日起有功，自强不息，每天增加一点点德行，十年、二十年之后，自然就变成君子了。如果学习道家，再怎么努力都没有用，因为关键在于能否跨越它的门槛，而这个门槛叫作觉悟，一旦跨过，便能同道合而为一，就不会去做一些自以为聪明但最后造成错误结果的行为。一旦觉悟，才可依照万物的条件去欣赏万物，而不会刻意造作。譬如，人类插花原本是为了赏心悦目，但是看久了这样的花，就会觉得矫揉造作而产生压力。

学习道家时，不必勉强，听多少算多少，只有跨过智慧的门槛，才能够觉悟。老子说："为学日益，为道日损，损之又损，以至于无为。"（《老子》第四十八章）我在美国念书的时候，就是为学日益，四年来每天读书十二个小时以上，感觉自己每天都在进步。但是老子说"为道日损"，要追求道，每天减少一点人为的东西，如成见、偏见、欲望，各种复杂的念头，到最后是无为，但是"无为而无不为"。假设有一座花园，它的土壤适合什么花，这些花会自然生长。我在荷兰教书的时候，会在书房里摆一盆郁金香，显得特别幽静。但是荷兰人种郁金香跟种菜一样，相同颜色的花种在一起，只会让人赞叹花的数量这么多，毫无美感而言。人为刻意去安排的，就有人为的意志在里面，就会造成压力。老子认为不必有任何压力，要尽量呈现出万物自身的状况，这样就可以了。

焦点再回到人的自由。很多人说，既然我有自由选择的能力，为什么不去做一些我想做的事呢？但是我想做的事可能会扰乱自然界的平衡，这又该怎么解决呢？老子要面对的一个严肃挑战是，道赋予人类这样的本性，但是这种本性发展出来之后，可能造成错误的习惯，这种错误的习惯又变成我的本性，如此一路发展下去，实在不能怪我。老子主张，不要区分善人与不善人，因为善人有善人的理由，不善人有不善人的理由。一个人行善，需要各种条件的配合，只要有了这些条件，换另一个人也可以做到同样的善。一个人为恶有他为恶的理由，换了另一个人，他在那个环境里可能也会为恶。老子为什么这么慈悲？他以母亲作为道的比喻，母亲对于自己的子女，都是爱护包容的，原因就在这里。每个人的情况都不同，因而没有所谓的公平问题。这样一来，所发生的一切事情，好像是整体条件所构成的一个结果，没有人可以摆脱，这叫作天罗地网。老子说过“天网恢恢，疏而不失”（《老子》第七十三章），我们现在讲成“疏而不漏”，网子的格子很宽，但是它不会失去任何东西，所有的一切都网罗在里面。

道通过“德”，让宇宙万物的本性表现出来，这就肯定了道的内在性。老子说“大道泛兮，其可左右”（《老子》第三十四章），大道像洪水一样泛滥了，怎么可以说它在左边还是右边？这代表道无所不在。万物获得道的支持，成就了各自的本性与禀赋，现在放眼所见之自然生态的平衡，就是德的杰作。老子接着强调，“万物莫不尊道而贵德”（《老子》

第五十一章），万物都会尊敬道，而重视德。其实万物没有尊重的问题，只是万物从道而来，最后回归于道。道是根源，是母体，所以尊敬它；德是本性，是禀赋，所以重视它。

人有自由吗？这问题千古以来没有共识，因为人的自由是有限制的，没有人拥有完全的自由，也没有人是完全没自由的，所以通常我们会把自由与选项一并考虑。譬如，你要做成一件事，有三种方法，就是有自由，你可以选择任何一种方法，选项愈多，自由愈可以开展。史宾诺莎的代表作是《伦理学》，内容都是有关形上学的，讲到神、实体、整个自然。他把书名定为《伦理学》，是因为通过了解宇宙万物的必然性，亦即一环扣一环，这个整体连接的网，就可以觉悟我的自由不是真正的自由。一个人了解自己的自由不是真正的自由，他反而自由了；一个人不了解自己的自由不是真正的自由，他以为自己自由，反而不是自由的。如果了解自己的自由有各种限制与条件，就不会被它所困。只要不以为自己是自由的，面对你的选项时，就不会牵涉太多复杂的问题，人的责任也弱化为相对的。所以史宾诺莎的学说，最后出现的结论是：人因为理解而自由。

很多人以为自己有自由，就胡作非为，最后也不知道惹了什么祸。相反，如果理解所有的一切构成一张大网，所有的一切都在所谓的神，或实体，或自然里面，那么就会认真思考，我现在行动的条件是什么。没有人可以在不具任何条件的情况下做出选择，所有的选择都受某些条件的制约，让你只有少数几个选项而已。可能因为理解愈多，选项也愈多；理解愈少，选项也愈少。如果完全不理解人的不自由，就不可能发挥人的自由，所以想方设法理解之后，就可以不受条件的限制，反而能够得到自由，而不会去想象一种漫无边际的自由。

史宾诺莎说，通过理解而自由，只要了解限制我的因素是什么，我反而自由了；这些限制我的因素，并不是我现在可以改变的，所以我不自由，并且我不以为自己自由，那么我的不自由至少还有选择的能力。如果明明有很多限制，却以为自己自由，到最后怎么负责任呢？有谁可以为自己的行为负完全的责任呢？不管做任何事，都可以找到借口与理由，这样一来，所有的事都找不到负责的人，真要问的话，就问：天地为什么要生下我这个人呢？这是道家面对的一大挑战。

自然：自己如此的状态

儒家强调善，是要在价值上找到重新出发的基础，从真诚引发向善的力量。谈道家的时候不能讲善，一讲善，就要问标准是谁定的。老子也说过：“天下皆知善之为善，斯不善已。”（《老子》第二章）天下本无事，庸人自扰之。道家认为真善美这些价值都是相对的，只要回归于道，都可以化解于无形；不能回归于道，则每一种相对的价值都是束缚而已。

谈到德的问题，就要想到“自然”。“自然”两字在《老子》中出现过五次，每次所指的都是自己如此的状态。《庄子》谈到自然界，经常用天或天地来代表。汉朝以后才普遍以自然界来代表天地万物。

老子认为真正的政治领袖，应该无为而治，顺着百姓的需求，顺着各种既定条件，顺着正常的方式去做，也就是没有任何刻意的作为，就不会造成压力和紧张，所以百姓最后觉得很自在，“百姓皆谓我自然”（《老子》第十七章），百姓认为我们是自己如此的。“道法自然”（《老子》第二十五章）又是什么意思？道所取法、道所依循的是自己如此的状态。道家没有比道更高的概念，如果有，就不叫道家了。道是独立而不改，周行而不殆，没有名称，作为宇宙万物的来源与归宿。“希言，自然”（《老子》第二十三章），让一切自然运行，无须多言。“飘风不终朝，骤雨不终日”（《老子》第二十三章），大风不会吹一上午，急雨不会下一整天。人活在世界上，要避免做重大的改变，人为地表现出来之后，立即停下来也不自然，到时候变成痛苦的回忆，带来不必要的烦恼。所以老子提到，最好少说话，因为说话一定带有目的。现代人依赖手机，不太和身边的人说话，反而和不在眼前的人拼命说话。其实话说得愈多，误会愈深，不说话有时反而是最高明的沟通艺术，无声胜有声。《庄子·大宗师》也说，真正的好朋友，“相视而笑，莫逆于心”。人虽然有说话的能力，但是不一定非说不可，有时候多说不如少说，少说不如不说。不说话就能沟通，才是最高境界。

老子提到，要让万物保持自己如此的状态。不要下命令，下命令就是有所为，有所为就一定有人做不到，有人做太多，反而陷入困扰。宋朝学者程明道说“万物静观皆自得”，当你静静观看时，会发现万物都有其自在的地方，每一样东西都能让你感觉到它就是那个样子，是自己如此的。这句诗带有道家的色彩。

《老子》的圣人要让万物自己发展，而不需要刻意造作。如果刻意改变现状，对于万物自己如此的状态就会产生压力。

道具有超越性，同时具有内存性。讲超越性，代表它与万物是分开的，不能混同，所以它在使万物出现的过程中，就要使用一些中介。譬如道生一，一生二，二生三，三生万物。三指阴气、阳气与和气。和气代表和谐状态，任何东西的存在，都显示出一种和谐状态。一朵花开了，本身是和谐的，但是它也会因为气候的变化，慢慢枯萎，化作春泥又护花。整个宇宙是一个自然生态的循环，生态保持平衡，就是超越的道使用德来让万物得到支撑，德就是重要的中介。柏拉图说：所谓的超越，就是不随着万物的变化而变化。万物可多可少，可有可无，道完全不变，由此保持其超越性，如此才可符合道家的理想，也就是化解存在上的虚无主义。不把道作为超越界展现出来，人的生命结束后就什么都没有了，如果一死百了，那就是虚无主义，那么要怎么安排这一生的生活呢?

人的生活是为了实现某些价值。儒家实现善的价值，道家实现真与美的价值。真就是真实，宇宙万物的真是相对的真，依托在道的究竟真实里面。道家并非不讲善，只是认为善太过于人类中心，所以暂时排除。“道、德、自然”都与道的超越性、内存性有关，要了解道，就要同时掌握它的双重性格，进而在万物中发现道的光辉，但是也不会因而局限了道。所以万物再怎么变化，道依然永远保持不变，这才是道家基本的立场。

第三讲：从道来看万物

从道来看万物，等于是从永恒去看变化的东西，从无限去看有限的东西。史宾诺莎的思想同道家特别接近，他有一个观念是“从永恒的形象来看万物”，形象代表特定的角度。如果不从永恒来看，只看变化本身，每一刹那都在变化，没有人能抓得住任何东西，会导致缺乏安全感。若是从永恒来看，所有的变化都只是幻觉，只是过程，变化根本不构成问题。至于人要怎么从永恒的角度看待万物，进一步肯定万物的价值，这就是道家思想要探讨的。从整体来看，会发现每一样东西在整体之中有其特定的位置。一朵花在宇宙里面，少了这朵花，宇宙就不一样了，所以西方有一句话：“The nature does not leap.”自然界不跳跃，而是连续发展的，就像蝴蝶效应，牵一发而动全身，没有任何一个小环节可以被忽略，忽略一个小环节，后面的影响就很大。有一个铁匠为将军的战马安装马蹄铁，钉歪了一个钉子，导致战马摔跤，将军摔死，军队战败，国家灭亡。天下很多大事的失败，都可以归咎于没有人注意的小细节。

一个单位一定要由某个人来领导吗？这个人退休了，另一个人上位，他好像能够带领得更好。好或不好的判定是相对的，没有任何人是不可替代的。同样地，我们无法想象地球没有了太阳的光源，但如果发生某种宇宙灾难，太阳真的不见了，说不定我们能从别的地方得到光源，发掘出不同的能量来源。所以，宇宙之中，没有任何东西是非有不可的，也没有任何东西是不变的。

一往平等的精神

从道的整体来看万物，会发现“一往平等”，每样东西都是平等的，因为对整体来说，它都是不可或缺的。因此，悟道的人不会再用人类的价值观来衡量万物，一个小小的配件，可能使整部机器失灵。悟道之人能够从整体、永恒来看，进而欣赏每一样东西自身的特性，西方学者经常从道家学说引申到密契主义，就是因为有这样的观念。

密契主义至少可以分为三派。第一派是印度教所展示的，认为人的自我是大梵天的一部分，最后人还是要回归到梵里面，达到“梵我一如”的境界。但是该怎么做呢？要深化，找到生命最后的基础，就可以回到根源。印度教的修行比老子更强调清静无为，到最后是寂然不动，整个生命寂灭了，像闭关和在山中修行，都与印度教有着密切的关系。其追求降低生命的活动力，到最后把自我完全消除，达到梵我一如。印度教偏向冷静的密契主义，当我同宇宙万物合一时，要先化解消除我的热忱与欲望，让生命整个停下来。佛教讲的涅槃就是不再轮回，寂然不动，代表进入一种清凉圆满的境界，但是这个世界留给谁呢？留给继续轮回的人们，因为人们还有欲望，还有业没有化解。清凉就是冷静，把生命整个消解，因为生命力代表欲望，有欲望不好。叔本华（A. Schopenhauer, 1788—1860）就是从印度教得到启发，认为人活在世界上总是麻烦，有欲望很痛苦，欲望满足之后又觉得很厌烦，久而久之变成在痛苦与厌烦之间摆荡，既然如此，就只能想办法消解它。叔本华的思想最后发展为两个方法：第一，信仰宗教，由此化解人的所有欲望；第二，产生审美的直观，不带有任何意志，不带有任何目的，纯粹就万物本身来加以欣赏，一切显得安静、沉寂，甚至消极。

第二种密契主义是在西方中世纪以后发展出来的，由理性的觉悟，孕生一种智慧。这一派也算是冷静的。天下没有任何人能比我与神的关系更密切，因为神是我生命的基础；天下没有任何人能比神与我的关系更疏远，因为我的生命是会幻灭的。这种双面思维，最后会令人得到觉悟，明白自己与神有一种特别的互动。

第三种是爱的密契主义。我喜欢这朵花，是因为神选择了它。我们用道家的话来说，这朵花之所以让我欣赏，是因为道选择了它。道作为那些花的根源，使这些花可以存在；这些花得到道的加持，就不能被轻易否认，它本身是特殊的个体。因为对道有所了解，就会欣赏这朵花的特色，就好像你爱一个人，不是因为他是你的朋友，而是因为是神让他存在的，所以通过爱这个人，了解他是神的力量的表现。你爱神，就会爱神所创造出来的每一个人。

道家比较偏向爱的密契主义，就是道生出万物，万物因此得到神圣的光环。道这个绝对者、超越者选择了万物，万物也因为有了道的支持，值得我们去肯定。不要有差别心，不要用自我价值观来衡量好坏、美丑。没有美丑的问题，只有是否存在的问题，只要存在就值得欣赏，这就是一往平等的境界。

道在所有宗教里面都存在。所有宗教都有最高的合一境界，基督徒与他们的上帝，佛教徒与他们的佛性。现在也有这样的学派，把宇宙当作一个理性的力量，等于我同宇宙可以沟通，从热爱大自然，再推到人与自然界，也有类似的效果。夏夜观星，会让人的心情开阔，但是宇宙叫作自然界，自然界总是会有天灾的问题，天灾发生时，人该怎么办？

几年前美国网站最多人搜寻的单词，一个是 Tsunami（海啸），因为印尼发生了海啸，这是天灾；另一个是 integrity（诚信），我这个人有 integrity，代表人格可靠，言行一致。世事充满变化，在各种变化出现时，人就要调整想法与做法，那么你与别人怎么沟通呢？是要忠于自己，还是忠于你与别人之间互动的关系呢？很多人都会提出这样的问题。如果你对宇宙大自然有丰富的情感投射，将来发生天灾怎么办？地震、山崩、海啸都有可能出现。所以我们要了解，自然界与人类基本上是处在平行的层次，最终还有个道。人不必执着于自然界，因为很难说清楚宇宙是否具有灵魂。有些伊斯兰教徒认为安拉对他们特别照顾，因为他们在过去几十年里，从地底下发现了石油，但是为什么只有这一代人发现石油呢？以世间各种成败或利弊来佐证某些得到的福佑，是不合逻辑的。试想，发财就表示幸福吗？不一定吧。发财有时候是会带来灾难的。

我们学习老子，可以摆脱这种一般的观点。道是超越的，我们通过道去欣赏万物，是因为道选了它，使它存在。我们不一定要把老子的道赋予神的色彩，因为这么做，会产生道为什么要创造自然界与人类的问题。把道想得跟人有关，是自找麻烦。所以道家把道作为万物的根源，其中人类的责任比较大，就是要设法了解人的困难从何而来，若是从自身而来，人可以自己化解。每一个人都有可能培养智慧，如果培养成功，明白一切变化的规律，就可以顺其自然，也能够减少不必要的灾难。譬如，汽车业压力特别大，老板就安排业绩最好的员工到拉斯维加斯去，其中有一个人坐在吃角子老虎机前玩了三天三夜，看起来都快崩溃了。业绩好所付出的代价是身心完全不能平衡，然后通过赌博，靠不可知的运气来让自己陷入不可知的情况。这当然是一种危险。

人到中年还不学习老庄，生命往往会接近耗损边缘，随时都有可能出状况。很多人活在世界上，都是在边缘上勉强撑着，好不容易一觉起来，跟朋友聊聊天，恢复一点力气，又要工作了，业绩压力还是很大。人就在这种边缘处活着，各种精神问题接连出现，跨不过去的就垮掉了。我们如何从老子的思想得到启发呢？一往平等。一往平等也包括接受自己的状况。譬如，我读不好书，我接受这个状况。选择有兴趣的行业还是能够赚钱的行业？当然选择有兴趣的行业，因为兴趣会降低工作压力，若能从中获得成果，还会加倍高兴。如果选择赚钱的行业，将难以摆脱赚钱的压力，即使能够得到财富，也会很快就觉得重复而乏味。赚到第一桶金时很高兴，接下来就是重复，重复之后就是乏味，到最后自己变成机器，好像丧失了内在的感受能力。老子的思想能够让你一往平等，也接受自己特定的角色、特定的位置。我若是比不上别人，何不选择退一步，海阔天空？有位朋友会打网球也会游泳，但都称不上非常好。有一天他回家对太太说，他今天打败了两个世界冠军：他跟奥运游泳冠军比赛打网球，跟奥运网球冠军比赛游泳，结果他都赢了。这叫作自我调侃，让自己的生活有些趣味。几年前冬季奥运会时，电视播出一则引起非议的广告，广告词说“即使你获得奥运银牌，照样是个失败者”，这样一来，在竞争的压力下，谁能够活得快乐呢？

从道看来，万物一往平等，万物也接受自己的情况。但是人有理性，人的知带来欲望，欲望愈来愈大，就会开始竞争，结果造成灾难。知道区分是不足的，就算知道避开灾难，也还没有达到启明。达到启明意指从道来看万物，包括自己的处境，然后可以就它现在的情况加以欣赏。小孩子总是想要得到自己没有的东西，做父母的可以这么跟他说：“别人有的你没有，但是你有的别人也没有。”珍惜自己所拥有的，容易快乐；一定要去追求别人所有的，则会产生压力。所以，掌握这个基本要点，就能欣赏自己所有的一切。学习道家从道来看万物，就能有这样的心得。

平衡和谐的状态

接着，可找到一种平衡和谐的状态。很多人学习道家，但最后并没有成为道教徒。道教的修行法门要人练气、运功，最终目的是回到婴儿状态。婴儿整天哭，喉咙不会沙哑，因为他哭的时候是运用丹田之力；婴儿拳头握得很紧，手不会酸，大人握紧拳头，一下就酸了。这就是老子的想法，要回到生命原始的状态，也就是一个圆满的状态。庄子说，一个喝醉酒的人，若是从快驰的马车上摔下来，不太会受伤，因为他没有防卫的意念；相反，一个清醒的人知道马车要翻倒了，一定会想办法保护自己，然而愈想保护自己，伤害也愈重。柔弱胜刚强，关键在于一种平衡和谐。我们如何在年纪大的时候，继续保持孩子般的柔软身段，这是一种挑战，身体也许做不到，但是心态可以。

人间的困扰在于得失，如果犯错了该怎么办呢？老子说，有了道之后，好人坏人都能得到保障，好人有道的支持，可以放心；坏人有道的照顾，可以改过。“求以得，有罪以免”（《老子》第六十二章），因为道像母亲一样。

耶稣说“你们敲门就给你们开”，重要的是，你有诚心这么做吗？如果一味发展自我，陷于自我的执着，就会愈走愈远了。印度教有一个观念，人每次为自己考虑而做的事，就好像多了一层外衣，使你与梵隔得更远，或者说使你与真正的自我隔得更远。如果社会性的包装非常成功，考虑愈多外在的东西，就离道愈远，因为成功带来掌声，带来各种有利的条件，使人忘记生命原本的状态。就好比鱼不能离开水，而人是尘归尘，土归土，所以愈早接触到生命的来源，生命也愈可以安顿。所以只要你求，就可以得到，这句话有其宗教含义。

“有罪以免”，是指有罪可以得到赦免。没有人是无辜的，世界上的任何灾难都与人有关系。史怀哲（A. Schweitzer, 1875—1965）是医生、神学家，他为什么要到非洲去行医？因为他认为要替白人赎罪。世界这一两百年来的发展，世界的各种灾难，欧洲人与美国人要负很大责任，尤其是欧洲人。我在比利时鲁汶大学教过书，朋友带我去参观中非博物馆，因为比利时以前统治过中非。中非博物馆的展品在非洲根本看不到，全部被运过来了。我的印象很深刻，三十米长的树干被砍下来做成独木舟，用整头象制作的标本。中非原住民在帝国殖民主义的压力下活得很辛苦，现今还有很多落后国家受到这种不平等待遇。我后来在荷兰教书，认识一些荷兰朋友，他们告诉我，他们对何时退休毫不在乎，因为退休金只有原本薪水的八成。荷兰也是以前从殖民地获得了财富，所以国家很有钱。但是在很多先进国家，包括丹麦、瑞典，自杀率特别高。以丹麦为例，他们从出生到大学毕业的所有花费，全部由政府埋单，既然如此，为什么还要放弃生存的意志呢？人的生命有时候是非常复杂的，得到太多有形的资源，反而使人忘记生命的根本。在此，理念就是一个重要的问题。我们今天谈道家思想，绝不是说它只适合中国人，而是全世界的人都可以从中得到启发。

道像是母亲，如果你犯了罪，它会选择原谅，它明白你犯罪是不得已。不得已不是无奈，也不是勉强，而是当各种条件成熟时，你没有别的选择，只能顺其自然，但这并不表示可以一意孤行，否则违背了自然的趋势，后果不堪设想。道家的关键在于如何判断条件是否成熟，这就是智慧。“有罪以免”四个字，亦即人只要悔改，就可以得到赦免。所以在道家看来，人在世界上，对于自己的遭遇不必太费心。你既然存在，就有存在的理由，为什么是你存在，而不是别人存在呢？其实每个人生命的来源都十分奥妙，不是偶然的。

宇宙万物一方面是偶然的，因为有开始，也会有消失；另一方面又不是偶然的，它现在存在，就有它存在的理由。我们要慢慢习惯这种双面思考。每样东西都会消失，完全没有存在的保证，因为它是他因，而不是自因，只有自因才能永远存在。除了道之外，没有自因的东西。所以人类出现与结束的过程，与一朵花差不多，都是从无到有，最后再归于无。道家有很多相对的观念，你认为这张桌子比较长，但是要看跟哪一张桌子比，在相对的比较之下，不要有任何成见。每一样东西的存在，都得到道的支持，以人来说，只有人才会有所求，或去犯什么罪。

很多人把道当作追求的对象，事实上唯一的方法是培养智慧，因为道无所不在。英国诗人威廉·布莱克（William Blake, 1757—1827）写道："一沙一世界，一花一天堂，双手握无限，刹那即永恒。"每一物都显示道的光辉，我们看到的，不只是此物本身，更可以通过此物领悟道的精彩。深受道家影响的苏东坡说："凡物皆有可观，苟有可观，皆有可乐，非必怪奇玮丽者也。"任何东西都值得欣赏，只要值得欣赏的，一定会带来快乐。

老子更进一步表示："不出户，知天下；不窥牖，见天道。其出弥远，其知弥少。"（《老子》第四十七章）不用出门，就知道天下的情况，我在房间里，只要有一张桌子、一张椅子，甚至一片木头，通过对这片木头的仔细研究，就可以了解整个宇宙。整个宇宙是大宇宙，任何一样东西都是小宇宙，这张桌子的木材是来自什么地方的树木，只要观察年轮就会知道原来树木活了多少年，大概生长在什么地方，生长过程中经历了什么样的气候变化。宇宙是一个整体，牵一发而动全身，只要彻底了解一小部分，就能了解整个宇宙。了解整个宇宙，才能彻底了解一个小的部分。所以不用出门，就知道天下万物的情况。不用看窗外，就知道天道，天道代表天体——太阳、月亮、星星——运行的规律，以及风云的变幻。一般人都要看窗外的情况，才知道天道如何运行，但是我只要看房间里的东西，通过深刻研究，就知道宇宙怎么变化。

“其出弥远，其知弥少”，我们到外面去往往是走马观花，只看到表面，不能了解内在，反而使人眼花缭乱，觉得每样东西都差不多。英国有一句话说得好：“如果你不曾离开英国，就不知道什么是真正的英国。”一辈子住在英国，没有对照的机会；一旦离开英国，就会发现很多国家的风俗习惯不同，自然条件、地理形势也都不一样，然后才知道英国之所以为英国的原因。

老子认为，天下万物都是一样的道理，若想了解别的地方，就先了解你这边的情况。有一个年轻人住在河的这边，工作不太愉快。他看到对岸的村庄，就问摆渡者，那边的情况是不是比较好。老人家说，你先描述一下这边的情况吧！年轻人描述之后，摆渡者说：那边的情况也是如此。如果不改变自己的心态，无论到什么地方去，遭遇都是一样的。所以，先改变自己的想法，所见便会跟着不同。儒家有不一样的想法，孔子说："君子敬而无失，与人恭而有礼，四海之内皆兄弟也。"（《论语·颜渊》）人只要行善，到任何地方都能与别人做朋友。道家认为，宇宙万物都是一样的，只要改变自己的观念，一切就会呈现新的面貌。儒家认为要设身处地为别人着想，从别人的角度来想，就会知道他为什么如此。道家则是从道来看，肯定这一切都是一个整体，没有区分的问题，也不会有紧张对立的关系。

儒家秉持人文主义，任何问题都从人的立场来看，人如果修养自己，与别人的关系就会跟着调整改善。道家认为德行是相对的，再怎么修养，别人不改，你也毫无办法。所以，不要想着去改变别人，以免造成更大的压力。从道来看，只要按照宇宙万物本身的情况来加以欣赏，就可以体会什么是一往平等，什么是平衡和谐，人生的得失、成败也都可以化解。

得失可以泯除

我们谈论老子思想，发现他超越了以人为中心的思考模式，当然也超越了以中国人为中心的心态。西方很多学者对老子很感兴趣，原因就在这里。一九八三年，美国里根总统在元旦发表了国情咨文，其中引用了老子的“治大国，若烹小鲜”一语（《老子》第六十章），亦即治理大的国家，要好像煎一条小鱼，最好无为而治，只要火候够了，把鱼放下去，一面熟了，另一面也好了。里根总统此话一出，《老子》翻译本又卖了好几万本。美国将军打赢了仗，说他最喜欢《孙子兵法》，这本书也卖出去好几万本。中国古人的智慧实在丰富，因此我们学习任何学说，要能掌握其核心思想，只看表面就很可惜了。譬如用老子的几句话来强调价值是相对的，美与丑、善与不善相对。你要问的是：为什么是相对的？若是相对的，它究竟有价值还是没有价值呢？

一方面，道的超越性，使万物有一个起源，也有一个归宿；另一方面，道也有内存性，普遍存在于万物中，所以每一样东西，无论怎么微小，甚至看起来毫无价值，都有其存在的理由，也值得我们肯定、欣赏。学习道家之后，心胸较为开阔，对万物的一切都可以接受，至少可以认同它是由道而来。从道的角度来看，没有任何东西是可有可无的，每一样东西都有它存在的理由，因此它就非存在不可。但是又不能执着于此，因为它的存在是暂时的，将来一定会消失，所以重要的不是掌握眼前这朵花，而是掌握使花成为花的背后力量，那就是道。

能够通过万物个别的特殊姿态，看到其背后的力量是道，这是道家的智慧。这等于是通过对个别事物的掌握，知道背后有一个超越的道存在，于是可以出入自得。庄子的《逍遥游》，就是从这样的观念来的。

学习《老子》，要分辨三个重点：第一，什么是“道”；第二，天下大乱的原因是什么；第三，圣人是什么。“圣人”这个概念，大家都以为是儒家在用，事实上在《老子》八十一章之中，有二十四章出现过“圣人”一词，这一点很值得我们注意。通过分析这些概念，对老子的研究与了解将会更深入，学习心得的范围和深度也会慢慢展现出来。

主题三：圣人无心而为

第一讲：圣人的定位

老子思想有一个出发点。首先是因为周文疲敝而天下大乱，天下大乱之后，出现了虚无主义。虚无主义有两种：一、价值上的，人间的善恶是非美丑都失去了标准，不知道该怎么为人处世；二、存在上的，活着与死亡没有什么差别，活着只是受苦，死亡没什么可怕。有人说道家无为、不争，要与世界保持距离，好像态度很冷淡，事实上老庄的内心是非常温暖的，他们不忍心看见人们活在世间却没有希望。老子针对天下大乱提出“道”——究竟真实。宇宙万物充满变化，一切都在不可预测之中，但还是有一个基础，就是道，它作为万物的来源与归宿。其他生物不必担心生命的脆弱无常，但是人有理性，对生命的遭遇要求理解，由此追问意义。老子提出来的道，是要让每一个人都明白究竟真实，它是相对真实的来源与归宿。有了这样的保障，就可以化解虚无主义所带来的困扰和烦恼。

双重角色：悟道的统治者

天下大乱与道之间，需要一个中介，这个中介可以把道的特色体现在生命中，为一般百姓带来希望。在古代社会里，要求每一个人都悟道，是强人所难。一般人只在乎能否活下去，并且是否有人为其主持正义，这样就足够了。儒家的圣人以尧、舜为代表，希望做到仁爱与正义。司马迁的《史记·尧本纪》说尧“其仁如天，其智如神”。在道家方面，老子也直接使用“圣人”一词，而且圣人还有三个可以替换的词：第一个是“我”；第二个是“吾”；第三个是“有道者”。老子心目中只有两种人，一种是被统治的百姓，一种是身为领导者的圣人。

“圣”这个字，从耳，呈声，代表耳朵非常灵巧，听什么都懂。一般人眼见为凭，仍旧会受骗，然而听到的东西往往不在眼前，是否合理，需要仰赖智慧判断。一般讲聪明是耳聪目明，但是“圣”这个字，是聪明到极点，它原本与德行没有什么关系，后来儒家才把圣人当作德行完美的人。老子所谓的圣人，是指悟道的统治者。如果一个统治者没有悟道，往往会变成暴君，给百姓带来痛苦。所以做领导者，非觉悟不可，不能觉悟道，叫作“盲人骑瞎马，夜半临深池”。

柏拉图的《理想国》特别提到，要设法让哲学家成为帝王，一个人训练到五十五岁才符合这个资格。柏拉图的训练步骤很清楚：第一步，学习具体的知识，可以落实在生活处境中。第二步，抽离出具体的事物，达到抽象的程度。譬如，我们都见过圆形的东西，但若不见到圆形，圆形就是抽象的，几何学的图形都是抽象的结果。经过这个训练，才能够再往上学习音乐的协调，最后心灵可以不受具体事物限制，这样才能称作爱好智慧。柏拉图把身体当作灵魂的监狱，一个人之所以会犯错，是因为人有身体。哲学家为什么只能说是爱好智慧，而不能说是得到智慧呢？因为人有身体。人死了之后才能得到智慧，因为此时只剩下灵魂，不受身体的束缚。有身体就有感官，有感官就会扭曲，使人看不到真相。所以柏拉图希望训练到最高的层次，具有辩证思维的能力，可以为百姓提供人生的指引，才能成为哲学家，这种哲学家担任政治领袖就非常合适。柏拉图特别强调，排名第一位的政治领袖是教育部长，这要哲学家才能胜任。哲学家甚至可以担任帝王，因为只有哲学家了解人类的真正幸福何在。对柏拉图来说，人类的真正幸福只有一个方向，就是摆脱身体上各种欲望的限制，过着属灵的生活，才可得到真正的快乐。从身到心到灵，这才是柏拉图在理想国中所要强调的。但是一般人只能活在现实世界里，能够得到一些正确的观念就不错了。

老子和柏拉图的想法类似，天子必须是一个悟道的统治者，等于是代替道来照顾百姓。古代的天子在《尚书·洪范》里被称为百姓的父母，叫作“天工人其代之”。老子笔下的“圣人”是悟道的统治者，现在问题来了，圣人是怎么出现的？这个问题没有办法回答。儒家喜欢对话，《论语》记载了孔子与学生的许多对话，《孟子》一书也以对话为主。《老子》全书八十一章，五千多字中没有一个“你”字，代表老子根本不把你放在眼里，为什么？他同你没什么好谈的。《老子》一书中都是老子个人反思的心得。但是老子会轻视别人吗？不会的，老子把百姓当作子女。他只是提醒人们，“道”

太难掌握了，一般百姓实在不易了解，因为人有身体，也有世俗的欲望。有人认为老子推崇的是愚民政策、愚民主义，要让百姓无知无欲。其实不然，老子只是认为要让所有百姓都觉悟，简直是幻想。

有关圣人的修炼过程，可以参考《老子》第十五章："古之善为道者，微妙玄通，深不可识。夫唯不可识，故强为之容。"古代善于行道的人，精微奥妙而神奇通达，深刻得难以理解。古之善为道者就是圣人，他悟道了，很难被我们理解，正因为难以理解，所以勉强来形容他。老子喜欢用"勉强"一词，因为人的语言用来形容和道有关的事物，都是勉强，必须随说随扫。有人说这跟禅宗不立文字有点相近，一落实为文字，反而会变成障碍。如果不使用语言文字，要求直接去感受，又很难说清楚到底是什么意思。

禅宗二祖慧可向达摩祖师求法，等了好几天，达摩祖师最后终于开门问他什么事，他说："求大师为我安心。"达摩祖师说："将心来，吾予汝安。"达摩祖师故意用形象化的方式回应，你把不安的心拿来，我替你安。慧可禅师说："觅心了不可得。"我找不到不安的心。达摩祖师说："吾为汝安心竟。"我已经将你的心安好了。不安的心是无形的，一旦觉悟，心就回来了。禅宗这些话，就像打哑谜一样，人往往受制于文字与语言的障碍，构成一个迷雾，所以佛教讲究“言语道断”，言语这条路断掉了，你一定要突破言语这条道路。用言语来表达各种心得时，到最后是默然无语，一句话都不用说，反而清楚了，反而了解了。

《老子》第十五章形容古代善于行道的人，“豫兮若冬涉川，犹兮若畏四邻”，小心谨慎，有如冬天涉水过河；小心谨慎，有如害怕邻国攻击。这两点说明小心谨慎，提高警觉，在世间不要沉迷。接着“俨兮其若客”，拘谨严肃，有如在外做客。在家千日好，出门一时难，就是这个意思。但是所谓的拘谨严肃，不是说在家里就不用如此，其实在任何地方都不可疏忽，否则无法排除人间的烦恼。“涣兮若冰之将释”，自在随意，有如冰雪消融。“敦兮其若朴”，淳厚实在，有如未经雕琢的木头。老子喜欢用“朴”做比喻，朴就是原木，木头一旦经过雕琢，就失去了可能性。诚如黑格尔所说，肯定就是否定。将木头雕成人像，就不能雕成老鹰了；雕成老鹰，就不能雕成老虎了。你肯定他是一个人，他就不是别的东西，所以肯定就是否定，一旦界定之后，就失去了可能性。“旷兮其若谷”，空旷开阔，有如幽静的山谷。老子也喜欢用山谷做比喻，因为山谷是虚的，虚才能够容纳万物，混同一切，有如浑浊的河水。很多人喜欢用清来代表，但是混同一切，就表示不要让别人发现你太清高，否则还没修养到家，就成了别人对付的对象。

与儒家大异其趣

萧师毅教授曾赠予海德格尔一副对联，其中一句是："孰能浊以静之徐清？"谁能够在浑浊中安静下来，使它渐渐澄清？我们每天睡觉之前，要让今天发生过的事情慢慢沉淀下来，才能安眠，否则一定会带着复杂的思绪进入梦中。"孰能安以动之徐生？"谁能在安定中活动起来，使它出现生机？早上起床时，我们好像庄子梦见蝴蝶，刚刚醒过来，却发现自己仍是僵卧不动的庄子。我们刚起床时也是一样，全身僵卧不动，不要着急，慢慢使身体恢复生机，再起来活动。所以，在浑浊中要安静下来，在安定中要活动起来，动静要兼顾。老子不是只看一面，一般认为老子偏向让人静下来，保持柔弱与安静；但是另一面老子也要让你活动起来。如果念了老子的哲学就远离世俗，没有生机，那谁还要念呢？所以这两句话要对照来看。

“保此道者不欲盈。夫唯不盈，故能蔽而新成。”老子说，持守这种道的人，不会要求圆满，因为没有达到圆满，才能够一直去旧存新。老子对知的作用从避开灾难到启明，用这句话就足以代表。譬如，我昨天念书念到这一页，因为读懂了，心里很满意。今天早上起来，就把昨天念的当作旧的，今天才可能再读新的。如果把过去的成就当作自己最高的成就，那就结束了，如果还活着的话，不是很浪费时间吗？老子这段话很积极，悟道不是一了百了，悟道之后我觉悟了，但它还是不断在进展之中。由于道的这种微妙现象，老子称作玄之又玄。

儒家也有同样的境界。孟子说，“圣而不可知之之谓神”（《孟子·尽心下》）。所有伟大的哲学，谈到人的生命境界，都认为那是不可测量，不可预测，尤其是不可限制的。儒家说不可知之，道家说玄之又玄，佛教说不可思议，基督宗教也称最高的神为黑暗的、深奥的、奥妙的神，亦即遮蔽的神，拉丁文是 Deus absconditus，意即这个神绝不能让你理解。西方人认为用正面的语词来描述上帝，那一定是错的，因为它无法让人理解，如果用负面的语词来描述，比较有可能是对的，至少你知道它不是什么。

每一种宗教并不是自己另外树立一个神明，它要表达的其实是人有身心灵，而灵的层面高不可测。这是一种正确的理解，道家的道也是一样的。庄子比老子更活泼，他用四种人来描述悟道者：一、真人，代表很多人是假人；二、神人，神妙无比，代表一般人很迟钝，都被拖累了；三、至人，最高境界的人，代表一般人比较低俗；四、天人，完全合乎自然的人，一般人是背离自然的。当然，庄子也提出了“圣人”这样的观念，但是它有两种不同的意义：一方面是儒家的圣人，庄子对此大加批判，“圣人不死，大盗不止”（《庄子·胠箧》），圣人死去，大盗就不会兴起。这里所谓的圣人，代表人间的帝王，是负面的意思。对于儒家的圣人，庄子认为讲仁义有什么用呢，最后恐怕是假仁假义，不仁不义了。另一方面，庄子的圣人与老子的用法一样，还有正面的意思。所以在《庄子》书中，圣人具有正、负两面的意思，而其他四种人所代表的意思都是好的。

人就是人，为什么还要特地说是什么样的人呢？这表示人们一生的修行，就是希望成为真人、神人、至人、天人。老子大量使用“圣人”一词，并且用“我”“吾”来说，代表只有老子一人悟道。到庄子的时候，他用各种故事来说明，并且在“人”上面用四个不同的字来描述，代表每个人都有希望。这种做法与孔子、孟子的情况有一点类似，孔子只提到“圣”字，以尧舜为其代表；到孟子的时候，他提到四种圣人，圣之时者、和者、清者、任者。这样接着讲而不是照着讲，显示了思想的创新，从简单到复杂，也让一般人感觉更有希望了。

我们可以再强调一下，善于行道的人，在任何地方都很谨慎，且内心保持单纯朴实，随时注意防备世间的险恶，最后能够在浑浊中安静下来，又能够在安定中活动起来，能收能放，能进能退，但并不要求最后一定要圆满。任何事情都是物极必反，这是《易经》的道理，否极泰来，剥极则复。老子通透这个道理，就是因为没有达到圆满，所以可以蔽而新成，旧的因此去除，新的因此出现。

我们常误以为道家比较静态，儒家比较动态，因为儒家强调日新又新，刚健不已的生命。但如果读过《易经》就会发现，乾卦日新又新，刚健不已，坤卦也是一样。马是最柔顺的，但它也是健行不已。天本身是主动力，刚健不已；地要随着天而运行，也要刚健不已，只是二者方式不同，一个是主动前进，一个是被动跟着走，就算被动，也不能停下来。所以，儒家、道家都受到《易经》的启发，这是没有疑问的，因为《易经》展现了一个圆满的、原始的道理。

独立自足

《老子》第二十章说，圣人和一般人不同，有时候也是孤单辛苦的。“绝学无忧”，去除知识就没有烦恼。以“绝学无忧”四字作为开头，因为人生的忧患从识字开始。古人说，小孩没念书以前，天真活泼，容易满足，与父母在一起就很开心，可是当小孩了解得愈多，烦恼也愈多。“唯之与阿，相去几何？”奉承与斥责相差多少？“美之与恶，相去若何？”美丽与丑陋又差别多少？这就是相对的观念。“人之所畏，不可不畏。”众人所害怕的，我也不能不害怕，也就是外表要同其他人一样了。

接着就是有关圣人的描写，《老子》原本并没有分章，是王弼开始分的，有些地方分得未必恰当，以下是重点："荒兮其未央哉！"遥远啊！差距像是没有尽头。"众人熙熙，如享太牢，如春登台。我独泊兮其未兆，如婴儿之未孩，儽儽兮，若无所归。"众人兴高采烈，有如参加丰盛宴席，有如春天登台远眺。好像只有我一个人很淡泊，看到别人兴高采烈，我好像没有什么感觉，因为我知道兴高采烈的背后，恐怕是另一段长期的等待。好不容易等到一个长假，一般人都会开心地安排假期，让自己过得很快乐，因为平常的工作压力太大了。但是快乐过后，压力反而更大了。西方世界也是一样，遇到星期一，工作效率特别差，所以有 the blue Monday 的说法。为什么星期一会忧郁呢？因为假日太快乐了，所以一上班会觉得特别辛苦。老子所说的圣人非常淡泊，没有什么高潮起伏。好像还不懂得嬉笑的婴儿，只有最简单的生理反应，饿了就哭，马上有人满足他的需求，吃饱满足了，没有别的欲望。这是最原始的情况，意即他本身圆满自足，不需要外面的人提供各种快乐，或是制造各种烦恼。孤孤单单，好像无处可去。

"众人皆有余，而我独若遗。"众人都绰绰有余，唯独我好像有所不足。老子笔下的圣人是很孤单的，别人什么都有，但圣人好像有所不足。“我愚人之心也哉，沌沌兮！”我真是愚人的心思，老子把自己说成是愚笨的，混混沌沌。“俗人昭昭，我独昏昏。”世人都炫耀光彩，唯独我暗暗昧昧。一般人参加奥运会这类的比赛，一旦得奖了，举国欢腾，炫耀光彩，但是只有我暗暗昧昧，好像始终在那个屈辱失败的地方。“俗人察察，我独闷闷。”世人都精明灵巧，唯独我昏昏沉沉。“澹兮其若海，飂兮若无止。”辽阔啊，好像无边的大海；飘荡啊，好像无所栖息。“众人皆有以，而我独顽且鄙。我欲独异于人，而贵食母。”众人都有所施展，唯独我顽固又闭塞。现在流行上EMBA，唯独我只知道念国学。在老子看来这是根本，这是本体，其他的叫作应用，我所要的与别人都不同，我重视那养育万物的母体，也就是根本。

老子认为每个人生下来都是一样的，经过修炼之后，才会展现出不同的结果，甚至成为圣人。若能了解《老子》第十五章和第二十章的内容，然后认真修炼，你也可以达到老子这样的境界。老子谈悟道的统治者如何治理，在第三章有具体的说明，“是以圣人之治，虚其心，实其腹；弱其志，强其骨。常使民无知无欲，使夫智者不敢为也。为无为，则无不治。”圣人在治理百姓时，要简化他们的心思，填饱他们的肚子，削弱他们的意志，强化他们的筋骨。目的是要让人民没有知识也没有欲望，并且使明智的人不敢轻举妄动。只要依循无为的原则，就没有治理不好的地方。

《老子》第五章："天地不仁，以万物为刍狗；圣人不仁，以百姓为刍狗。"与天地相对的是万物，与圣人相对的是百姓，可见圣人是指统治者。刍狗是古人祭祀时，用草扎成的狗。祭祀的时候把刍狗放在祭桌上，人要向它跪拜，但是祭祀完之后，就把刍狗丢在地上，有人把它踩扁，有人把它捡去当柴火烧。刍狗的意思是，任何东西都有它发达的时候。譬如，今天樱花开得非常灿烂，但是下星期桃花要开了，樱花也要谢了。花与树木都有绽放生长的季节，只要是当令的，就尽量施展才华，人也是一样。天地面对万物的时候，是没有偏爱的，"不仁"不是没有仁德之心，在此"仁"是指偏爱，天地对万物没有偏爱，一视同仁，这叫作把万物当刍狗。圣人也没有偏爱，把百姓当刍狗。这个世界的发展，哪一个世纪是什么民族兴起，都有一个大概的趋势。

拿破仑征服了欧洲，当时英国的海军最强，法国的陆军最强，德国什么都没有，日耳曼学者兼哲学家费希特（J.G. Fichte, 1762—1814）发表了一篇《告德意志国民书》，提到：

“上帝把海洋给了英国，把陆地给了法国，但是把思想的天空给了德国。”自此以后，在西方哲学界，德国哲学家占了半壁江山，法国哲学家就相对弱了很多，因为法国人比较浪漫，喜欢用小说、戏剧、日记等来表达哲学思想，反倒显得不够精练，德国哲学家则是用严整的概念来表达。于是，德国人占尽了优势，英美哲学家相对较弱。因为英国哲学家太重视经验，不喜欢运用抽象的概念，无法提升人的生命境界，从完整而根本的层面去了解。譬如，英国重要的哲学家休谟（David Hume, 1711—1776），他的哲学内涵到最后都被自己分析得索然无味了。美国知名的哲学家罗尔斯（John Rawls, 1921—2002），他的《正义论》探讨伦理学与政治哲学，而无法谈到形上学的层次，要谈形上学，还是要从欧洲去找材料。

自有人类以来，帝国兴亡是数不完的。过去巴比伦帝国多么兴盛，现在只剩下遗迹供人凭吊，埃及帝国、罗马帝国也都曾经辉煌，然而早已烟消云散，如同刍狗。中国的历史也一样，盛世过后就会出现低潮。这时候我们不能不注意老子的想法，千万不要以为崛起之后，就是永远繁荣，事实上，兴盛衰亡的轨迹是必然的。所以，圣人不仁，以百姓为刍狗，不有所偏爱，如果刻意操纵，对某些人好，那么对另外一些人就不好。由此可知，老子所说的圣人，确实是一个悟道的统治者，他经过某种特定的修炼后觉悟了道。

圣人是怎么修炼成功的？我们常说无为或损之又损，要做到并不容易，因为一般人的生命都有具体的欲望，要吃要喝，享受因而产生，奇技淫巧，愈弄愈奢侈，愈弄愈复杂。光是饮食，就弄出多少不同的菜色，酒的种类也不知有多少。所以在这方面下功夫，是没完没了的。不过有些人真的这么做，也制造了一些趣味。

休谟说过一个故事。有一对兄弟，出身于世世代代专门品酒的家族。有个贵族找他们两兄弟来品酒，喝了之后，哥哥说："好酒，但是有点铁锈的味道。"弟弟说："不但有铁锈味，还有一点皮带的味道！"等到这桶酒喝完了，桶里面果然有一条皮带，并且皮带头的铁环生锈了。"虽小道，必有可观者焉，致远恐泥。"（《论语·子张》）虽然是小小的技巧，但也有它可观的地方。《世说新语》里也有个人能吃出饭是用旧木材烧出来的。老子对于细节也很注意，他说任何困难的事情，都是从细节开始。人生所有的一切，都值得仔细观察，所以道教修行的场所叫作道观，就是说要多观察，尽量不要行动，一行动就有主观的意志在里面操纵。

第二讲：圣人的表现

要了解老子的思想，一定要理解“圣人”这个角色有什么作用，又有什么特色。

圣人作为统治者，当天下大乱，应该如何统治？为了明白其中的道理，可以参考《老子》第五十七章：“以正治国，以奇用兵，以无事取天下。”用正规方法治国，用出奇谋略作战，无所事事才可取得天下，这三句话颇有深意。治国要用正道，什么叫作正道呢？法令规章完备，每一个人都得到适当的考核机会，贤良之士都可以往上提升，国家领导阶级都是正派人士，这叫作以正治国。但是作战时就要以奇用兵，出奇制胜，要不然敌方突然来个奇袭，要怎么反应呢？以无事取天下最难，无所事事才可取得天下，如果有所作为而取得天下，必有后遗症。民主社会所谓的政党竞争是很辛苦的，永远在同一个层次上打转，世界上很难有哪一国的政党在各方面都很突出。譬如，德国的基督教民主派，其政党竞争的手段也不见得符合宗教的要求。一旦陷入政治的旋涡里，大家都用类似的手段，结果一起被拉到同一个低层次了。如果采取高尚的道德标准，就很难获得媒体的兴趣。

“吾何以知其然哉？以此。”我怎么知道是这样的，是根据以下的事实：第一，天下大乱；第二，圣人要出现了。“天下多忌讳，而民弥贫”，天下的禁忌愈多，人民就愈贫穷。禁忌在古代往往与迷信有关。譬如，小时候听老人家说山上有熊也有神仙，长大之后上山去，真的发现熊了，却没看到神仙，但是老人家讲的话我们牢记在心，所以相信神仙的存在。迷信通常就是用这样的方式传承下去。所以，要分辨一个人所言是否可信并不容易，我们要避免因为一个人在某个领域表现出色，就盲目地相信他所有的判断。“民多利器，国家滋昏”，民间的利器多了，国家就愈混乱。民间私藏刀枪，国家当然混乱，黑帮一出动，刀枪几百支，百姓怎么过日子？“人多伎巧，奇物滋起”，人们的技巧多了，怪事就会增加，一个社会最怕太多怪事。“法令滋张，盗贼多有”，法令定得愈细，盗贼反而愈多。法令定得愈细，违反法律的人也就多了，小偷进监狱，出来变大盗。许多大灾难，是由小事情开始做成的，所以要调节自己，不要因为一时愤怒，造成不可收拾的结果。

悟道：生而不有，为而不恃，长而不宰

面对天下大乱，圣人云："我无为而民自化。"我无所作为，而人民自行发展；你愈做事，百姓愈感到苦恼。"我好静而民自正"，我爱好清静，而人民自己端正。在上位的人喜欢清静，百姓只知有统治者，却不清楚他做了什么，百姓就可以自己端正起来。"我无事而民自富"，我无所事事，而人民自然富足。所以老子也赞成人民富足，我无所事事，不增加税收，如果要筑长城、凿运河，百姓就要做工，要出钱了。"我无欲而民自朴"，我没有欲望，而人民自然变得真朴。上有好者，下必有甚焉者，因为上行下效。所以孟子说："不仁而在高位，是播其恶于众也。"（《孟子·离娄上》）一个坏人位高权重，他做坏事，百姓看了就有样学样。虽然

天下大乱，但圣人无为、好静、无事、无欲的四种做法，造成四种良好的效果。总之，圣人的智慧能够从整体（道）来看万物。如果汉武帝懂得道家，他会去讨伐匈奴吗？他会想到百年千年之后还不都一样，又何必太计较。但是匈奴不学道家，攻打过来该怎么办呢？于是只好发愤图强去对抗，反而变成是你被他牵引出来的意气之争，与他是同一个层次了。由此可见，要将老子的思想学得透彻，并不容易。

现今社会步入信息时代，信息来源非常丰富，可是人们的观念反而容易混淆，无法判定什么是真的，要解决此困境，唯一的方法是让自己静下来，心灵才能够找到出路。

《老子》第五十一章最后四句说："生而不有，为而不恃，长而不宰，是谓玄德。"德就是获得，圣人获得道的启发，所以他的作为是生而不有，为而不恃，长而不宰，最神奇的德也就是圣人的表现。第一，生养万物而不据为己有。一般人都会把孩子据为己有，期望孩子光宗耀祖，但是这种观念其实有所偏差。我们也曾为人子女，感受到父母殷切的期待，但父母最后还是放弃了这种执着。为人父母的都知道，孩子愈小，父母希望愈大；孩子愈大，父母希望愈小；孩子长大独立了，父母也毫无希望了。如果明白老子"生而不有"的观念，就会知道子女不是我所有的，不能把孩子当作自己的替身或延续。第二，为而不恃。“为”代表你做了某些事情，老子的无为是无心而为。没有人可以完全无为，重要的是“为而不恃”。我成就了一项事业，但是不要居功。功成而不居很难，功成身退更难。完成一件事情，绝不可能光靠一两个人，而是需要许多条件配合的。最后一句“长而不宰”，能够引导万物，而不加以控制。譬如，用服务的方式让大家跟着我走，而不是我来控制大家，发号施令。

老子的思想符合现代社会的需求，作为一个领袖，就是让适当的人在适当的位置有所发挥。如果遇到困难，从不同的角度去看，会有不同的结果。有一个朋友说，最近老板要给他升职，他不愿意，担心别人批评他，他也不愿意造成同事关系的紧张。我认为到这一步再来想，已经来不及了。第一，为什么以前表现杰出，让老板发现你比别人好呢？第二，老板因此想提拔你，你却不接受，不但得罪老板也得罪同事，反倒两边不讨好。老板叫你去你就去，既然个性不喜欢做大事，做大官，就不要表现得太好，既可以保护自己，也不会让同事感觉到压力。他正好在听《老子》的课，我就这样跟他解释；他如果听儒家的课，我就会有不同的建议。学习古典国学是很有用的，人到中年，学习道家，特别受用。

《老子》第六十六章讲得更清楚：“是以圣人欲上民，必以言下之；欲先民，必以身后之。”圣人想要居于人民之上，一定要言语谦下；想要居于人民之前，一定要退让于后。有人说这是策略，圣人是不是太深沉了？不过可以设法做得没有痕迹，练习做得合乎自然。修炼的过程，就是要让你把这些事情做得羚羊挂角，无迹可循。这是一种正确的心态，因为从整体来看，无所谓谁先谁后，谁上谁下。有很多这样的例子，原本的部下，后来变成顶头上司，所以不必自我执着。我们知道这是很难做到的，但老子告诉你，悟道之后就会有这样的表现。

无为：无心而为，没有刻意的目的

老子常常谈到“无为”，意指无所作为，但是若用“无心而为”来解释，更符合老子的想法。有一篇报道说，日本有一群心理医生，受到老子的启发，体验到无为是无心而为的意思，于是利用这个方法来治疗抑郁症。试举一例说明。有个人因为抑郁症住院治疗，周末时，他的朋友带了鲜花水果去善意探望他，进入病房先问："有没有好一点？"当然没有。接着说："不要想太多了。"我就是会想那么多。再说："看开一点。"我就是看不开。像这样的问话方式，只会让他的病情愈来愈严重。他休息了五天，稍微恢复了一点，一到周末，亲戚朋友的探望又加重了他的病情，也就永远出不了院了。日本医生学会无为之后，设法做了实验。一到周末，有朋友来探病，且慢，先告诉他们规则：带着自己要看的杂志或报纸，进了病房，打声招呼之后，绝不主动问任何话，除非病人问你问题。为何如此？因为一般人说话，都带有目的性，一见面先问候今天好吗，这就有目的性，想知道你好不好，希望你变好一点，这种目的性其实带有某种攻击性，会给别人带来压力。所以访客最好不要说话，让病人主动问你问题，他问什么你答什么，绝对不要多说半个字，坐下来就看自己的报纸或杂志。久而久之，病人觉得你在的时候，跟你不在的时候一样；等你走了之后，他觉得你不在的时候，跟你在的时候一样。这就是这项实验的目的，让病人感觉就算你不在，也一直有人陪伴着他，而且没有人给他压力。此后病人慢慢习惯了这样的模式，觉得很自在，也渐渐恢复正常，可以同一般人交往，半年之后就痊愈出院了。

老子的无为是无心而为，什么是心？心就是刻意的目的。因此，你为还是要为，班还是要上，但不要有刻意的目的。认真尽力做自己该做的事，至于结果怎么样，无法尽如人意，但求无愧于心。这话在儒家来说可以通，道家也是一样。

老子也用到“不得已”三个字，在介绍庄子的思想时，我们会再详细说明。天下不可能因为圣人悟道就天下太平，《老子》第二十九章到第三十一章，连续三章出现“不得已”。《老子》第二十九章：“将欲取天下而为之，吾见其不得已。天下神器，不可为也（或作“不可执也”）。为者败之，执者失之。”想要治理天下而有所作为，我看他是不能达到目的了。天下是个神妙之物，对它不可以有为，不可以控制。有为就会落败，控制就会失去。这是第一个“不得已”，跟我们一般所谓的无可奈何不相干，它是指不能达到目的。

老子的不得已同庄子的不一样，庄子的不得已，增加一些随顺的智慧，老子的不得已是描写客观的情况，让你必须采取某些行为，你不能不行动。《老子》第三十章、第三十一章都与战争有关，代表战争有时候也是很无奈的。

《老子》第三十章："以道佐人主者，不以兵强天下。其事好还。师之所处，荆棘生焉。大军之后，必有凶年。善者果而已，不以取强。果而勿矜，果而勿伐，果而勿骄，果而不得已，果而勿强。物壮则老，是谓不道，不道早已。"用道来辅佐国君的人，不会靠武力在天下逞强。打仗这种事总会得到报应。军队所过之处，长满了荆棘。大战之后，必定出现荒年。这是对当时乱世的描写。善于用兵的人，只求达到目的，而不靠兵力来逞强。达到目的，却不自负，达到目的却不夸耀，不骄傲。最重要的是，达到目的却是出于不得已。所以老子的不得已，确实是指条件成熟了，没有选择的余地，被迫要还手，然而还手了也一定要记得不要夸耀，不要逞强，不要自负，不要骄傲，不以此事得意，就不会在乎，对自己所造成的牵制就有限。事物壮大了，就会趋于衰老，这叫作不合乎道，不合乎道，很快就会消失。因为达到目的，代表达成一种结果，所以最危险的时候就是战胜的时候，多少国家，在战胜之后反而陷入危机。表面上战胜了，事实上国家内部的建设却出现问题，动乱就开始了。所以有时最危险的，并不是所知的危险，未知的危险，反而是真正的危险，因此要经常保持警惕。老子的圣人是怎么修行的？就是随时警惕，就是要避免陷入不必要的困扰中。

《老子》第三十一章也和战争有关，这几章可以代表老子的战争观。“夫佳兵者，不祥之器，物或恶之，故有道者不处。君子居则贵左，用兵则贵右。兵者不祥之器，非君子之器，不得已而用之，恬淡为上。”武力是不吉利的东西，人们都厌恶它，所以悟道的人不接纳它。君子平时重视左方，使用武力时重视右方。武力是不吉利的东西，不是君子的工具，如果不得已要使用它，最好淡然处之。

《老子》只有第三十章和第三十一章谈到的“不得已”和战争有关，正好反映了当时的处境。老子并不是完全避世的，他也知道各国在争强斗胜的时候，必须有某种立场。后来《孙子兵法·谋攻》说：“故善用兵者，屈人之兵而非战也，拔人之城而非攻也，毁人之国而非久也，必以全争于天下，故兵不顿而利可全，此谋攻之法也。”最聪明的是用谋略，用外交手段，避开直接的战争，因为战争实在是不得已的手段。如果不得已要发动战争，最好淡然处之。“胜而不美，而美之者，是乐杀人。夫乐杀人者，则不可得志于天下矣。”胜利的不要得意，如果得意，就是喜欢杀人，喜欢杀人的人，就不可能在天下得到成功。孟子说：“不嗜杀人者能一之。”

（《孟子·梁惠王上》）这和老子的基本立场若合符节。哲学家对于杀人、战争这种事的看法都非常谨慎，并且都是尊重人的生命的。“吉事尚左，凶事尚右。偏将军居左，上将军居右。言以丧礼处之。杀人之众，以悲哀泣之，战胜，以丧礼处之。”（《老子》第三十一章）吉庆的事以左方为上，凶丧的事以右方为上。副将军站在左边，上将军站在右边，这是说，作战要依丧礼来处置。杀人众多，要以悲哀的心情来看待，战胜要依丧礼来处置。古代的习俗是左阳右阴，左阳代表生，右阴代表死，所以战争以右边为主，如同春天代表生，秋天代表死。圣人不是完全超离世间的，也不能避开时代的各种困难，但是对于战争这种严肃的情况，圣人会特别注意防备。

正言若反：辩证思维的特色

圣人说话的时候，有“正言若反”的特色。也就是将正面的言论说得像反面一样。《老子》第八十一章：“信言不美，美言不信。”实在的话不动听，动听的话不实在。实在的话没有添油加醋，所以不动听；但是动听的话，多数是虚构及装饰性的。“善者不辩，辩者不善。”善良的人不巧辩，巧辩的人不善良。依照这样的说法，难道善良的人不能学习辩论技巧吗？倒也不是，所以这里的“辩”，可以解释成“好辩”，善良的人不好辩论，事情说清楚就好，说不清楚就会没完没了。庄子最好的朋友惠施很喜欢辩论，总是想找机会胜过庄子，但是成功的机会微乎其微。惠施是名家，注重的是逻辑、思辨，完全没有接触形上学，只是善用语言技巧。庄子是道家，参透形上学，对他而言，辩论技巧是相对的，很容易从对话里找到漏洞。“知者不博，博者不知。”了解的人不卖弄广博，卖弄广博的人不了解。《老子》第五十六章说：“知者不言，言者不知。”了解的人不谈论，谈论的人不了解。所以讲解道家老子，常常觉得惭愧，因为这么做违背老子的原则。

还有其他相关资料。“古之善为道者，非以明民，将以愚之。”（《老子》第六十五章）从前善于推行“道”的人，不是用道来教人民聪明，而是用道来教人民愚昧，这句话是老子被当作愚民主义者的证据，然而老子真正的意思是，聪明的表现往往是将事情分辨得很细，但容易忽略整体。真正的道是整体，从整体来看这是不必要的。《庄子·德充符》

借孔子之口说:“自其异者视之,肝胆楚越也;自其同者视之,万物皆一也。”如果从事物相异的一面去看,身体内肝和胆的分别,就像楚国与越国那么遥远;从事物相同的一面来看,万物都是一体。一般人习惯“自其异者视之”,悟道者则是“自其同者视之”,才是体道的关键,这些都是从老子的思想演变而来的。

“故以智治国,国之贼;不以智治国,国之福。知此两者亦稽式。常知稽式,是谓玄德,玄德深矣,远矣,与物返矣,然后乃至大顺。”人们很难治理,是因为智巧太多。因此,以智巧来治理国家,是国家的灾祸;不以智巧来治理国家,是国家的福气。认识了这两者,就是明白了法则。总是处于明白法则的状态,就称为神奇的德,神奇的德深奥啊,遥远啊,与万物一起回归啊,然后抵达最大的顺应。德代表万物从道取得的本性与禀赋,自然状态的表现就是不要造作。我们一直强调不要有心而为,有心就会造作,就是先设定一个目标一定要达到。当然,很多人会有疑惑,人的世界怎么可能无心呢?在《老子》里面不容易找到答案,在《庄子》里面比较容易,因为庄子的不得已与老子的不得已不太相同。庄子的不得已是指当各种条件成熟时,就顺其自然,但是结果如何并不重要。我们学习孔孟老庄的思想，当然是希望能够体悟儒家与道家的精华，并且应用在现实生活中，但这是不容易的。儒家教人入世，要有责任感；道家教人放开。这两种思维要怎么协调呢？我们通常在年轻的时候学儒家，中年之后学道家；上班的时候学儒家，下班之后学道家，或至少放假的时候可以学道家。我们到各地去旅游的时候，还像儒家一样到处学习，那就很辛苦了。到处旅游就同大自然结合在一起，万物静观皆自得，并且要想到老子的话，不要跑得太远，跑得太远，知道得愈少，跑得近一点，虽然看得少，至少可以看得深刻。

我曾在荷兰教书。荷兰光是阿姆斯特丹就有二十六座美术馆，上午都会有老师带学生来参观，有工作人员专门讲解，这是很好的教育方式。有一天，我有三个小时的空闲，来到一间美术馆参观，得知当天展出六十幅世界名画，我当然很兴奋。但是三个小时看六十幅美术作品，等于一幅作品只能看三分钟，待全部看完后，我只觉得很多颜色混在一起。老子说“多则惑”，看得太多了，反而什么都没有领悟。又有一次，我也趁着三小时的空当到了美术馆，那次只展出一幅画。我用三个小时的时间认真观赏这幅画，最后我看懂了，此后在任何地方看到这幅画，我都可以讲得很详细。“少则得，多则惑”（《老子》第二十二章），少取反而获得，多取反而迷惑，这就是老子的智慧。

《老子》第四十五章是标准的正言若反的范例：“大成若缺，其用不弊。大盈若冲，其用不穷。”最大的圆满好像有缺陷，但它的作用不会衰竭。圆满就是事情达到一个理想的情况，但接下来呢？月圆之后，就会开始月缺，所以最大的圆满好像有缺陷，但能够一直展现出它的作用。最大的充实好像很空虚，但它的作用不会穷尽。这两句话意思相似，圆满与充实都不要达到极限，因为物极必反。《易经》乾卦上九是“亢龙有悔”，我们做事要设法了解自己的处境，保持较低调的态势。如果已经是一个单位的最高领导，也要明白这是一个暂时的过程，并且和其他单位相比，也不见得可以掌握全局。我们必须明白一个道理，生命有时而穷，但是心态可以调整。

“大直若屈，大巧若拙，大辩若讷。”最大的正直好像是枉屈，最大的灵巧好像是笨拙。一个人正直却好像受委屈，委屈也许是人与人相处所造成的特定状况，许多事情要从长远的眼光来看，不能只看眼前，如果眼前受了委屈，就要问过去有没有埋下一些原因，由此可见老子对于人情世故是很通达的。最大的灵巧好像是笨拙，方东美老师在委托学生翻译他的著作时，特别要求“宁拙勿巧”，因为翻译往往是笨拙一点比较实在。有时候看翻译作品，文句太过顺畅，我们难免会产生怀疑；翻译得较为笨拙的，反而看得出原文的痕迹。最大的辩才好像是木讷，说话的要领是：在适当的情况，说出适当的话。人与人相处如果都靠说话，那就同辩论一样，而辩论就像吵架，能解决什么问题呢？老子的正言若反在这里连用了五个“大”，代表不是一般的情况。一般的情况是相对的。如果参加辩论比赛，木讷的人一定是最后一名，但人与人相处，则是真金不怕火炼，路遥知马力。孔子也说过：“宁武子，邦有道则知，邦无道则愚。其知可及也，其愚不可及也。”（《论语·公冶长》）孔子称许宁武子，不说他的智慧，反而说他的愚笨我们赶不上。不要以为他真的愚笨，他只是了解所有的情况，在乱世中不愿意采取正面冲突的手段，而选择包容的方式。“躁胜寒，静胜热。清静为天下正。”疾走可以克制寒冷，安静可以化解炎热，平淡无为是天下的正途，因为平淡才能长久。

老子正言若反的例子还有很多，第四十一章提到“大白若辱”，最纯的白有如含垢；“大方无隅”，最大的方正没有棱角；“大器晚成”，最大的器物很晚完成。为什么知道天空是蓝色的呢？因为有白云，如果没有白云，蓝色就看不清楚。月亮什么时候最美？在水中的倒影最美，因为通过水的清明反照出来。这些都是老子能够从两面来看，任何东西都需要和它的另外一端对照，才可以凸显出来。同样地，我们跟别人相处的时候，刚柔并存，宽猛相济，老子希望我们保持一种旺盛的，但是不压迫别人的生命力，光而不耀，可以蔽而新成，不断地往前走。

《老子》只有五千言，但历史上解释老子的书何其多，所以最重要的是老子原典。某一句话让你看到了什么？想到了什么？觉悟了什么？把每一句话想清楚，加以实践，就能改变生命，所以每天念一句就够了。印度有很多人喜欢《泰戈尔诗集》，他们说每天早上起床念一行泰戈尔的诗，就觉得人生充满快乐。印度人的生活很苦，如果光靠每天早上念一行泰戈尔的诗就能愉悦，我们可以阅读的经典这么多，能得到的快乐不是更多吗？如果觉得念孔孟有压力，那么每天早上起来念一章《老子》，保证一整天心情都能超脱，工作也没什么压力。从整体来看每一个人，每一个人都值得欣赏，这就是道家的精彩见解。

第三讲：圣人的榜样

圣人有什么地方可以让我们学习呢？他所表现出的智慧有什么特色呢？我们分三点来看：第一，为道日损。“为学日益，为道日损。损之又损，以至于无为。无为而无不为。”（《老子》第四十八章）为道日损的“损”代表要减少，首先要确定人本来有什么东西。一个人很自然地会得到一些知识，像区分的观念，这些观念会构成各种成见。成见就是人受到某种观念的影响，依此认定这就是对的，那就是错的。当人要去追求道的时候，因为道是一个整体，就好像身在山中，无法得知山的原貌，所以要设法把自己的局限去掉。损就是要把人这一生从外面得到的东西，例如成见、偏见等各种不正确的知识去掉，另一方面要避免凭感觉来思考，这些都是相对的，它无法告诉你真正的整体是什么。一般来说，知识有个特色，分而不合，像是大学读某个科系，就会依据这个学科的思考架构去看世界，因而产生了限制。譬如，学天文学的人看月亮，会觉得只是个星球，没什么特别；学文学的人看月亮，可以有很多想象，“举杯邀明月，对影成三人”，多美！所以为道日损，就是把这一生所得到的观念，设法减少去掉。不过问题又来了，要是这么做，到最后不就什么都没有了吗？

为道日损：去欲，不争

有人问我，道家认为不要分辨善恶，但我们生活在世间，怎么可能不分辨善恶呢？其实老子不是叫我们不要分辨，而是要我们宽容，了解别人为善为恶，有其一定的条件。善不见得真是善，恶不见得真是恶，善与恶是相对的概念。人既然生活在社会之中，一定会使用善恶判断，否则就变成不分是非的乡愿了。老子希望我们宽容，不要用一般的认知来做判断，判断时不要以为这是唯一的标准，因为价值是相对的。

若能体悟这一点，就会慢慢改变，不再去挑剔、责怪别人，最后可以无心而为。与其批判、作为，不如理解、欣赏，这就是老子的态度。

如何通过修炼，落实老子的为道日损呢？可以参考《老子》第二十九章："是以圣人去甚，去奢，去泰。"要去除极端，去除奢侈，去除过度。

第一，去甚，去除极端，做任何事都不要太极端。"甚"字孟子也用过，"仲尼不为已甚者。"（《孟子·离娄下》）孔子做任何事都不过度。有时候当我们的情绪发泄出来，很容易走向极端，爱到底，恨到底，生命好像就只是个发泄情绪的管道而已，这不是很可惜吗？老子不是没有情绪，他讲的是圣人去除极端，走中间路线，就是"扣其两端而竭焉"（《论语·子罕》），任何事情都要问两端是什么，自然而然可以找到出路。

第二，去奢，奢就是奢侈。能够一句话讲完，就不要说两句话，话说多了只是浪费时间，至于物质资源更容易奢侈。打开水龙头，多少水没经过手，就白白流走了，这不是奢侈吗？所以很多人谈到环保议题、自然生态，就和老子的观念产生联结。儒家没有特别谈到环境保护的问题，因为古时候科技不发达，对自然界没造成什么伤害，谈环保不是强人所难吗？环保的概念是因为人伤害了自然界，才想要去保护它，如果只是自然地使用，说要特别保护，不是刻意造作吗？

第三，去除泰，“泰”代表过度。泰本来是很好的字，也是《易经》里的一个卦象，否极泰来的泰，把泰去掉，代表要低调一点。做事时低调一点，让别人察觉不到你的作为，最怕的是做事时太过张扬，还没做成就招来很多批评。“民之从事，常于几成而败之。慎终如始，则无败事。”（《老子》第六十四章）一般百姓做事，常常都是在快成功的时候失败，若是面对结束时也能像开始时那么谨慎，就不会招致失败。这就是我们常说的“行百里者半九十”，走一百里路的人，到了九十里只能算一半，最后十里才是考验。人生也是一样，做一件事不到最后一步绝不放松，孔子也要求学生子路“临事而惧，好谋而成”（《论语·述而》）。

圣人最有名的是“不争”，老子说过两次，就是因为不争，所以天下没有人可以与他争。“以其不争，故天下莫能与之争。”（《老子》第六十六章），“夫唯不争，故天下莫能与之争。”（《老子》第二十二章）我有时候会开玩笑说，我下围棋从来没输过，因为我从来不下围棋；我打高尔夫球也没输过，因为我没打过。我不争，天下没有人可以跟我争，这不是很有趣吗？学会这一招，可以自我解嘲，不必事事都那么紧张。

第二十二章的相关内容，是标准的正言若反，这不是老子故弄玄虚，而是辩证（正反合）的方式，正和反是对立的，不能只讲正不讲反。“曲则全，枉则直，洼则盈，敝则新，少则得，多则惑。是以圣人抱一为天下式。不自见，故明；不自是，故彰；不自伐，故有功；不自矜，故能长。夫唯不争，故天下莫能与之争。古之所谓曲则全者，岂虚言哉！诚全而归之。”弯曲才可保全，委屈才可伸展，低洼将可充满，敝旧将可更新，少取反而获得，多取反而迷惑。刮台风的时候，柳树的枝条会弯曲，所以得以保存；松树坚硬挺直，很容易被吹倒。毛虫一定要弓起身体才能前进。杯子装满水了，还能装什么呢？买一栋新房子还能怎么更新呢？所以旧和新、低和高、弯和直、少和多都是彼此相对的，这也叫作正言若反，其中也有辩证的关系。接着，圣人持守着“道”，作为天下事物的准则，不局限于所见，所以看得明白。我要了解一个人，不能够只顾及自己的看法，还要多了解别人怎么看他；同样地，我们看自己也不能太主观，要知道别人怎么看自己。老子也说不以自己为对，所以真相彰显。如果以自己为对，只能看到自己所选择的真相，这样反倒会产生盲点。不夸耀自己，所以才有功劳。即使有功劳，一旦夸耀之后，别人就觉得还需要称赞你吗？不仗恃自己，所以才能领导。我们常常强调以服务代替领导，也是老子的想法。项羽虽然比刘邦有能力，但是他仗势己力；反观刘邦知人善任，延揽天下人才，最终项羽双拳难敌四手，何况是万箭齐发。接着，正因为不与人争，所以天下没有人能与他相争。不与人争，人缘比较好，一个团体之中，有些人的人缘特别好，别人要什么他就让，但是他是真的没有能力吗？倒也未必。

人生的选择始终困难，没有一本经典可以让人按表操课，保证成功。坊间有很多书谈到成功术，强调只要按照几个步骤去做，一定可以成功。但那是不可能的，因为情况随时在变，尤其是与你相对的人随时在变。我在很多地方讲过课，首先要了解听课的对象。对我来说，最大的挑战不是大人，而是小朋友。我曾应邀为五年级的小朋友讲解国学，我跟他们讲道理，他们立刻吵成一团，最后只好给他们说故事。

成功无法成为一门学问，它是一个概念，如果真要了解，可以参考四点：第一，目标明确。活着要知道自己目标何在。

无论什么角色，如果没有目标，生命就散开了，就像乱枪打鸟，浪费生命。第二，全力以赴。一个成功的人，因为知道目标何在，所以他愿意去奋斗。第三，自得其乐。成功的人一定快乐，如果一个成功的人，每天生活紧张，最后导致生病，那当然是失败，所以快乐与成功不能分开。人如何在奋斗时还是快乐的呢？其实是要自己想办法调节的。奋斗本身很少有快乐的，但是知道自己为了什么而奋斗，心态就不一样了，有目标之后当然愿意奋斗，也才可能自得其乐。最后的关键是提升心灵。做成这件事，心灵因而往上提升，做成下一件事，心灵又再提升。人若想要成长，可以效法孔子，“十有五而志于学，三十而立，四十而不惑，五十而知天命，六十而顺，七十而从心所欲不逾矩。”（《论语·为政》，此处说“六十而顺”，详情可参考作者介绍孔子的书）在短暂的人生中，我们到底成就了什么？孔子之所以是孔子，因为他每隔十年就脱胎换骨变成更好的人，达到更高的生命境界。而我们只是一般人，是因为我们的心灵没有提升，顶多外表变老了，偶尔听到别人说自己看起来很年轻，就高兴半天，这其实是很幼稚的想法，难道需要靠别人称赞才觉得自己年轻吗？年轻不年轻并不重要，如果可以活到八十岁，表示六十岁很年轻；如果只能活到六十岁，那五十岁就很老了。所以，从整体来看，年纪根本不重要，我们要把握的是当下。

王弼二十三岁就能注解《老子》，就是因为领悟了这个道理；颜渊如果有著作，肯定也有影响力。自古以来，聪明的年轻人很多。以《世说新语·言语》类的故事为例，谢鲲家里来了几位客人，儿子谢尚才八岁，跟着大家一起闲谈，才思敏捷，可以置身名流之中。谢鲲送客时，大家都赞叹："这么年幼的人才，真是座中的颜回啊！"谢尚居然接着说："在座的并没有孔子，怎么分辨出谁是颜回？"像这样的孩子，你就知道他长大之后不容易过日子了。世间有聪明人，也有天才，但是天才更要学道家的思想，才能懂得收敛，不到适当时机，不要过于表现，否则若是生在魏晋时代，只能用六个字来形容，"名士少有全者"，有名的读书人很少有能保全性命的。为什么老子特别强调要节制，要屈辱？因为不争，则天下莫能与之争。在乱世之中，道家的影响力特别大，可惜魏晋时人虽然喜谈《老》《庄》《易》，但他们理解了多少？如果真的懂了，就会有不同的生活态度。

知病不病：平静，自得

《老子》第七十一章说："知不知，尚矣；不知知，病也。圣人不病，以其病病。夫唯病病，是以不病。"知道而不自以为知道，最好；因为自以为知道，就可能有特定的立场，甚至恐怕你以为自己是对的，别人是错的。不知道而自以为知道就是缺点。圣人没有缺点，是因为他把缺点当作缺点。正因为他把缺点当作缺点，所以他没有缺点。人最怕没有把缺点当缺点。能把缺点当缺点，就会改正，要不就会藏拙，这也是道家的想法。其实每个人都有自己的缺点，有时候不是主观上的作为，而是客观上所造成的处境，因此圣人知病不病，了解自己的缺点，就不受缺点所限制。

缺点有时来自性格，西方有一句话说，"人的性格就是他的命运"，所以人首先要了解自己。如果不了解自己，又有谁能告诉你这一生该往哪里走？照别人的模式来走，不见得是正确的，因为每个人都有特定的条件。了解自己，知道自己的缺点，就是一个好的开始。孔子也说过：“人之过也，各于其党，观过，斯知仁矣。”（《论语·里仁》）人的过失是随着他的性格类别而来的，观察一个人的过失，就知道他应该往哪里走。“仁”代表人生的正路。我们常说，人最大的敌人是自己；另一句话也很重要，人最好的朋友也是自己。不能和自己做朋友，活着会很孤单，因为你跟自己是敌人，常常需要别人来支撑你。王阳明说：“去山中之贼易，去心中之贼难。”有形可见的敌人很容易赶走，去掉与生俱来、从小养成的偏差观念却很困难。和自己做朋友就是了解自己，接受自己，不要对自己太严苛，以免感受到太大的压力。如果可以与自己保持和谐，就可以让自己善处孤独。一般人都害怕孤独，老子、孔子也都有这种感慨，但是他们自得其乐，因为他们了解自己，和自己做朋友。

其实现代人要化解这种压力是比较容易的，喜欢听什么音乐，就好好去听；喜欢看什么美术作品，就好好欣赏。通过艺术感受人类生命的普遍相通，表达个人内心对某种境界的向往，这些都可以借听觉或视觉媒介来做到。也有人利用自然界的美景，看着天上的浮云，想象成白云苍狗，心灵自然可以放松。

智慧所彰显的美

老子的智慧值得我们欣赏，“和大怨，必有余怨，安可以为善？是以圣人执左契，而不责于人。有德司契，无德司彻。天道无亲，常与善人。”（《老子》第七十九章）圣人的作为和一般人不同，圣人认为重大的仇怨经过调解，一定还有余留的怨恨，这样怎么算是妥善办法？因此，圣人好像保存着借据的存根，而不向人索取欠债。有德行的人像掌管借据那样宽裕；无德行的人像掌管税收那样计较。不向人索取欠债，代表非常宽容，人跟人相处总有不方便的时候，我也有几个朋友向我借钱而不还。我们前面说过，“楚王失弓，楚人得之；人失弓，人得之；失弓，得之”，钱是供人使用的，没有就没有了，不要太放在心上。如果把老子的思想运用在生活中，会觉得人生比较宽裕也比较自在。接着是一句很美的话，“天道无亲，常与善人”，自然的规律没有任何偏爱，总是与善人同行。道家并非不谈善恶的分辨，一般社会对善人的判断，在正常情况下，也是指凭良心做事，行为正当的人，而不会善恶颠倒。天道没有特别偏爱，常同善人走在一起，代表善人还是得到很多人的支持与肯定的。

道、天之道、人之道、圣人之道这几个概念，是我们接触老子思想时需要分辨的。道是究竟真实，最后的本体，学习道家就是要觉悟这个整体，这个永恒的道。天是自然界，没有受到人为的影响，天之道就是自然界的规律，像罗网一样广大无边，虽然疏松却没有任何漏失。老子谈天之道的时候，特别反映天的作用，像“玄德”，神奇的德，都属于类似的概念，因为它们的作用是相似的。人之道所指的是一般人，人之道与天之道不同，所以，这中间会有圣人之道，说明圣人为人处世的原则和途径，圣人与道是相配合的，但是一般人与道是相背离的。这一点在《老子》第七十七章说明得最清楚，“天之道，其犹张弓与？高者抑之，下者举之；有余者损之，不足者补之。天之道，损有余而补不足。人之道则不然，损不足以奉有余。孰能有余以奉天下？唯有道者。是以圣人为而不恃，功成而不处，其不欲见贤。”自然的法则不就像张弓射箭一样吗？角度太高就要压低，角度太低就要抬高；力量过头要减轻一些，射程不到就多用点力。天之道是过满了就减少一些，不够满就补足一些，这是保持平衡，达到长期稳定的方法。自然的法则，是减去有余的并且补上不足的。人世的作风就不是如此，是减损不足的，来供给有余的。天之道是把多的拿来补给少的，这边下雨下久了换那一边下雨，那里丰收了，换另外一个地方丰收，不偏爱某一方，如果有问题，则是人为的灾难，天之道是一个平衡的状态，但是人为的作风是把不足的拿过来，去补给丰盈的，于是贫者愈贫，富者愈富，现代社会不就是如此吗？真正的社会主义国家，强调社会福利，应该要向富者多征收一点税，来帮助弱势团体，这才是合理的。

别以为资本主义国家收税都很公平，我在荷兰教书的时候，很多荷兰人表示他们喜欢去比利时买房子。荷兰和比利时两国是邻居，荷兰人只要过了边界到比利时买房子，就能节税。荷兰人的社会福利办得很好，所得愈高的人税率愈高，辛苦赚来的钱被扣税，一般人内心当然会不平，便会想方设法节税。贫穷的人则认为反正有政府照顾，也不需要这么辛苦奋斗。学会道家之后，就会了解到这种平衡是要考虑的。谁能把有余的拿来给天下人？只有悟道的人能够如此。因此，圣人有所作为而不仗恃己力，有所成就而不自居有功。这一段的内容很明显，一开始讲天之道，中间讲人之道，最后是圣人出现，代替天做他该做的事。

最后，《老子》第八十一章："信言不美，美言不信。善者不辩，辩者不善。知者不博，博者不知。"实在的话不动听，动听的话不实在。善良的人不巧辩，巧辩的人不善良。了解的人不卖弄广博，卖弄广博的人不了解。"信言""善者""知者"都以"真实"为试金石，亦即表里如一，内外一致。若是加上意念或企图，就会变质为"美言、辩者、博者"。能够不受后者所惑的人并不多。"圣人不积，既以为人己愈有，既以与人己愈多。天之道，利而不害；圣人之道，为而不争。"圣人的作为，一方面让人赞叹，另一方面也能显示他内心平静愉快，而产生特殊的美感。圣人没有任何保留，尽量帮助别人，自己反而更充足，尽量给予别人，自己反而更丰富。这是如何达成的呢？第一，以金钱而论，有两个意思：一、我把金钱给别人，我内心很丰富，等于是我所给的与我丰富的，是两个不同的东西，因为金钱给人之后，自己就不可能再拥有金钱，所以丰富的是内在的心灵满足感。这是第一种理解，有些人可以做到。另外一种是我有爱心，但不牵涉到金钱，老子对金钱也没有太大的兴趣。二、关怀别人，我愈关怀别人，我的力量愈大。有一句话说：“物质有时而穷，精神愈用愈出。”如果发生了灾荒，我开仓救济百姓，米粮必定会用光，这叫作物质有时而穷。人的精神愈用愈好，是因为精神的弹性比较大，身体的弹性比较小。子曰：“发愤忘食，乐以忘忧，不知老之将至云尔。”（《论语·述而》）孔子一旦发愤追求什么目标，努力去念书思考，就会忘记吃饭。一般人如果只是坐着发呆，不到中午十二点肚子就饿了，下午不到六点肚子又饿了，由于没有别的目标，就只注意到身体的需求。人在身之外还有心，在心之外还有灵，这三个层次构成生命的整体，就看你把重点放在什么地方。

“既以为人己愈有，既以与人己愈多。”不要只限制在物质上，因为物质是我给别人愈多，我自己愈少，所以富人不太敢大方，要不然大家都跑来向富人募捐，富人当然受不了。有些人在捐钱时喜欢用无名氏，以免所有的慈善团体都跟他要钱，有钱人也就变成穷人了。因此，有钱人如果吝啬，恐怕也是不得已的，因为对一个人大方，对其他人该怎么办？这是有钱人的现实处境，不过也只把握到一半的道理，给别人钱之后，我的钱就变少了，这是简单的算术。但是，第二种状况是，我给别人金钱，内心因而富足，叫作行善最乐。

行善是我付出了财物，付出了力量，但快乐是属于我自己的。这些财物用在别的地方，不见得使我快乐，比如用这些钱去吃东西，不但不快乐，反而可能罹患富贵病。我用这些钱去帮助孤儿院的小朋友，我内心快乐，这叫作尽量给予别人，自己反而更丰富。当然，最好的方法是用爱心来关怀，因为物质有时而穷，用爱心来关怀别人，会发现爱心是愈来愈多的。人当然会疲倦，但是精神世界有不同的能源，它的能量跟现实世界的物质能量是不一样的。这些都是老子思想的启发。

老子提到“圣人不积”的观念，是很特别的想法。此语可参考《庄子·天道》：“天道运而无所积，故万物成；帝道运而无所积，故天下归；圣道运而无所积，故海内服。”自然之道的运行是不停滞的，所以生成万物；帝王之道的运行是不停滞的，所以天下归顺；圣人之道的运行是不停滞的，所以海内钦服。老子主张“不积存，不保留，不停滞”，让一切回归于“道”，浑然无所分，如果做到“既以为人，既以与人”，就会更近似“道”，亦即接近圆满无缺的境界。《庄子·田子方》说：“既以与人，己愈有。”以此形容“古之真人”。

老子有关“圣人”的概念是相当重要的。一般人以为只有儒家谈圣人，就是孔孟推崇的尧舜。我们要注意，道家也谈圣人，道家的圣人是悟道的统治者，以智慧为主，凭借的是“致虚极，守静笃”（《老子》第十六章），意思是追求“虚”，要达到极点；守住静，要完全确实。靠着虚与静，无异于排除感官与认知的分辨作用，化解欲望与行动的具体作为，然后再觉悟由道而来的“永恒的与无限的层面”。依此观之，万物的变化不再使人困扰，万物的有限也不再使人遗憾。从体验“真实”出发，可以抵达“审美”之境，因为心灵敞开，无所不容，天下又岂有不可欣赏之人，又岂有难以欣赏之物？

主题四：三宝足以安身

第一讲：慈，慈爱对待人与物

如果我们学习儒家思想，没有读到《论语·公冶长》中孔子说自己的志向是“老者安之，朋友信之，少者怀之”，就难以理解孔子这么伟大的哲学家，一生想完成什么。至于老子，并没有任何特别的志向，他以“圣人”作为自己的化身，在《老子》第六十七章提到“三宝”：慈，俭，不敢为天下先。这是告诉一般人学习道家的具体做法。

“天下皆谓我道大，似不肖。夫唯大，故似不肖。若肖，久矣其细也夫！”天下人都认为我的道太大了，似乎什么都不像。正因为它太大，所以似乎什么都不像。如果像什么东西，早就变得很渺小了。道无所不在，所以勉强称之为“道”。人所见者陆地为大，但海洋比陆地更大，法国作家雨果说：“天空又比海洋更大，然后，人的心可以比天空更大。”若是由老子来回答，则是：“人的心可以悟道，所以道有多大，人的心也可能有多大。”《庄子·秋水》谈到：独脚的夔羡慕多脚的蚿，蚿羡慕蛇，蛇羡慕风，风羡慕目，目羡慕心。风再怎么吹，也比不上眼波流转，可以任意望向四面八方；目再怎么转，也比不上起心动念，随时可以涵盖古今。所以人的生命，“心”是一切的关键。心能定，世界就定了，无论是太平盛世或乱世。如同慧可禅师求达摩祖师为他安心一样，这个问题普遍且长期有效，每隔一段时间我们就要问，怎样才能安心呢？我们随时要对一段时间内所做的事情，重新检讨。道永恒不变，万物始终在生灭变化当中，而道永远不受影响。这就是老子深刻的心得。

以道为母，母之爱惜子女（万物）

老子的具体做法是：“我有三宝，持而保之。一曰慈，二曰俭，三曰不敢为天下先。”我有三种法宝，一直掌握及保存着，第一是慈爱，第二是俭约，第三是不敢居于天下人之先。老子用“慈”这个字来形容母亲。一般人的印象是“严父慈母”，虽然也有“严母慈父”，不过母亲毕竟是生育子女之人，所以会对子女全然包容。道是万物的母亲，所以老子的第一宝就是慈，这并非老子闭门造车，而是从道来看，因为道生出万物，对道而言，万物就是子女。

帛书本《老子》第一章：“道，可道，非常道。名，可名，非常名。无名，万物之始；有名，万物之母。”在这里已经出现“母”的概念。人类有理性，在进行认识作用的过程中要运用概念。“名”是名称或概念，是言语及思想的基本单位。名称是用来指涉真实之物，任何东西的存在首先需要有名称，没有名称对人类而言等于不存在。譬如，天文学研究在发现新的星球时，就会为它命名，大家就能认识与讨论。因此，“无名”代表万物的始源，是思想无法企及的阶段；“有名”代表万物的母体，有“母”就有子，道是万物的母亲，万物是道的子女，配合其名称一一呈现。

旧版《老子》的第一章是：“道，可道，非常道；名，可名，非常名；无名，天地之始，有名，万物之母。”有名是万物之母，而“天地”这两个字就是“名”，那么，要如何说明天地和万物之间的关系？如果根据帛书版，则以“无名，万物之始”

取代“无名，天地之始”，并且王弼的注也说：“未形无名之时，则为万物之始。”他也是只说“万物”而不说“天地”，这是因为道才能生万物，天地不能生万物，天地只是万物出现的场所，上有天，下有地，中间是万物。这个论点和《易经》不一样。《易经》讲乾坤，乾坤象征天地，以此比喻为父亲、母亲，再生出三男三女，可以用另外六卦来象征。老子的说法是，能生出万物的只有道，而天地也是道产生的。《老子》第二十五章也说：“有物混成，先天地生。”一般常听说的“天地生万物”在这里不能成立。在老子的思想里，道才能生万物，天地也是万物之一，就好像圣人面对百姓时，圣人也是百姓之一，但他是悟道的统治者。这样的分辨也说明了道和天地的关系。

老子用“慈”来形容母亲，道就是母亲，这使得道家后来演变成道教，在宗教的性格上就有特色了。西方有三大一神教——犹太教、基督宗教（天主教，东正教，基督教新教）、伊斯兰教，这三大一神教的神都是阳刚的，是父亲的角色，要求正义，所以最终要审判。目前全世界基督教的信徒有二十几亿人，伊斯兰教信徒有十几亿人，他们都相信人死之后要接受审判。也就是人只有一次机会，在短短不到一百年的人生中，行善的升天堂，为恶的下地狱。就像赌博，赢的全拿，输的就一无所有了。问题是，如果审判像法庭一样要求正义，那么人间并不公平，因为每个人的天赋条件不一样。如果有人跟上帝抱怨，说他如果拥有更好的条件，会超凡入圣，一定可以上天堂，这时上帝必定无法回答。所以信仰三大一神教的人，常常会思考上帝的考验是不是太多太重。同样是一生，为什么有人过得那么轻松，有人过得那么辛苦？相反，印度教与佛教主张轮回，给人无数次机会重生。但这样会比较好吗？究竟要轮回多久呢？谁能保证每一个人都会改善？如果有人愈轮回愈坏，那怎么办呢？这个世界从来不缺坏人，所以到最后轮回就变成无止境的了。三大一神教给人很强的责任感，人要为这一生负责。可是当轮回的观念产生，很容易导致一个人变得没有责任感。反正我今生做不好，还有来生；来生做不好，还有下一个来生。所以世界上两大系统的宗教都有其困境，因为他们把父亲与母亲这两个角色分开了。讲轮回的宗教，特别重视母性的慈爱，总觉得要给人新的机会，但永远给下去也不是办法。基督徒也发现了这个问题，耶稣说上帝喜欢仁爱胜于祭献，也就是说，与其拜神祭献，还不如慈悲助人。但无论如何，最后终究要面对审判。

天主教经过长期的演变，也希望能兼顾严父与慈母两方面。

儒家比较偏向父性，以直报怨；道家比较偏向母性，以德报怨。不过孔子说过："仁者必有勇，勇者不必有仁。"（《论语·宪问》）仁代表善心善念，愿意行善，关怀别人，这也偏向母性。孟子喜欢讲义，义就是适宜、正义，讨论善恶的报应，所以孟子对杨朱、墨翟的批评相当严厉。孔子则相对温和，"道不同不相为谋"（《论语·卫灵公》）；"攻乎异端，斯害也已"（《论语·为政》），批评跟自己不一样的立场，会造成后遗症。孔子比较偏向仁，和孟子的义相比，是比较宽厚的。孔子说："仁者必有勇。"有仁德的人，一定勇敢。老子则说："慈故能勇。"真正的慈爱，会带来勇气。有爱心的人，做好事会很勇敢，我们说"女子虽弱，为母则强"，就是这个道理。

经过与各大宗教的观念对比后，我们发现老子在人类思想史上确实有其地位，他就人类最根本的两个需求，仁爱和正义之中的仁爱，讲得特别透彻。《老子》第二十七章特别谈到的"善"，是指"善于做什么事"。"善行无辙迹"，善于行走的，不会留下痕迹，因为踩着别人的足迹行走，不自己另外制造新的足迹。电影里演出如何越过地雷区，也都是踩着别人的足印才安全。“善言无瑕谪”，善于说话的，没有任何瑕疵，别人抓不到漏洞和把柄。“善数不用筹策”，善于计算的，不使用筹码，也许是定筹码也不一定标准。“善闭无关楗而不可开”，善于关门的，不用上锁别人也开不了。这比较难以想象，恐怕有一些专门的技术。“善结无绳约而不可解”，善于捆绑的，不用绳索别人也不能解。这让我们想到孙悟空用金箍棒为唐僧画个圈，他就跳不开。这也可以应用在语言约定上，两个人打赌，如果能够让人从屋里走出来就胜了。有一个人说：“我没办法让你走出屋里，但我可以让你从屋外自愿走进屋里。”于是听者心甘情愿走出屋子，而说话之人便赢得了这场比赛。高明的语言，就像这句话所说的，能够捆绑人，不用绳索，别人也不能解。

“是以圣人常善救人，故无弃人；常善救物，故无弃物。是谓袭明。”圣人总是善于帮助别人，所以没有被遗弃的人，就像在母亲心目中没有无可救药的孩子，母亲会想尽办法去帮助他。总是善于使用物，所以没有被丢弃的物。这叫作保持启明状态。人身难得，即使误入歧途，我们都相信人能改过迁善。对于物的使用，以现在的科技，甚至能将垃圾提炼转换为资源。陶侃也有这么一则小故事，当时官府造船，常常留下许多木屑和竹头，人们多半扫掉或是烧掉，但是陶侃却吩咐人全都收拾起来，收藏在仓库里。后来新春过节，荆州官员都到官府来拜见陶侃，恰好前几天下了几场大雪，是日天气放晴，积雪融化，大厅前面又湿又滑，不好走路，陶侃就吩咐管事的官吏，把仓库里的木屑拿出来铺地。又有一次，东晋水军造一批战船需要竹钉，陶侃又叫人把收藏起来的竹头拿出来，给兵士去做造船用的竹钉。这时大家才知道陶侃搜集木屑和竹头的用处，佩服他考虑周到。天下没有任何东西是没有用的，自然界不跳跃，“The nature does not leap.”代表每个环节都是不可少的，没有任何东西是无用的。圣人就像母亲一样，对于人跟物同样珍惜。

“故善人者，不善人之师；不善人者，善人之资。不贵其师，不爱其资，虽智大迷，是谓要妙。”善人是不善人的老师，不善人是善人的借镜。不尊重老师，不珍惜借镜，即使再聪明也免不了陷于困惑，这是一个精微奥妙的道理。善人为“师”，不善人为“资”，两者合称“师资”，正有互相学习、期许、珍惜之意。由于今日学问分类细密，在此为师者，在彼为资，两者互相需要，而不必涉及善与不善。这一章的内容让我们了解圣人是怎么对待人和物的。所有存在之物皆值得珍惜，道生出万物，所以万物必有存在的理由。人的生命更是奇妙的，一个人排除万难出生，在这个世上必有属于自己的位置，这是其他生命无法取代的。对老子而言，“慈”是一种最普遍的心态，没有人是应该被放弃的，没有物是应该被丢弃的。从慈才能延伸到俭，节俭就是舍不得浪费，和慈也有关系。

《老子》第四十九章又出现善与不善的关系，“圣人常无心，以百姓心为心。”圣人总是没有意念，而是以百姓的意念作为自己的意念。为什么圣人没有意念呢？这就是“无心而为”，圣人可能出现在不同的时代，而不同的时代有不同的情况。如果要达到一定的理想，促成天下太平，但如果没有相应的条件，就无法成功。老子的智慧，就在他写下的五千言，等待适当的时机实现理想。“圣人常无心”一语，王弼本作“无常心”。现在依据帛书乙本“恒无心”而改为“常无心”。如果原文作“无常心”，意思是“没有固定的意念”，与“无心”相近；不过，如此一来，“常心”沦为贬义，而“常”字在老子书中并非贬义，且庄子亦曾肯定“常心”。《庄子·德充符》：“以其知得其心，以其心得其常心。”意思是，经由智力去把握主导自我的心，再经由主导自我的心去把握普遍相通的常心。

“善者，吾善之；不善者，吾亦善之；德善。”善良的人我善待他，不善良的人我也善待他，这样可使人人行善。通常对于不善良的人，我们就不喜欢，好的朋友你对他很好，坏的朋友你就会对他刚正严明了。如果依照老子的说法去做会不会姑息养奸呢？善良的人会不会因此而想，我不善良你也还是一样会对我好。这种假设有时候不能成立，因为善良的人之所以善良，一定是自己做了某种选择，所以他可以善良；不善良的人，可能有某种其他的因素，而使他不善良。圣人都对他们善良，就可以使不善良的人觉得不好意思，改过向善，也有很多是因为别人对他慈爱而改邪归正的例子。每个人的环境不同，有些人从小就碰到凶悍的人，他的性格也变得凶悍，直到有人对他很仁慈，他受到感动而自动改正。西方有个真实案例，有一个人刚从监狱服刑结束，出狱后到教堂栖身，临走时偷了教堂里的烛台。后来被警察抓到，把他带去教堂对质，但神父却说烛台是他赠送给这个人的，而且他还少拿了一个呢。那个人最后当然改过迁善了。

“信者，吾信之；不信者，吾亦信之，德信。圣人在天下，歙歙焉，为天下浑其心，百姓皆注其耳目，圣人皆孩之。”

守信的人，我信任他，不守信的人，我也信任他，这样可使人人守信。圣人立身于天下，谨慎收敛啊，使天下人的意念归于浑然一体，百姓都努力在听在看，圣人把他们当成纯真的孩童。只有母亲才会把别人当作孩童一样看待，孩童做任何事母亲都可以谅解。老子就是把道当作母亲，用母亲爱子女的心情，来描写我们应该怎么对待人，怎么对待物。圣人对“善者、不善者”“信者、不信者”，皆采取“无差别”的态度，用意在于化解相对的价值观，并且以统治者的宽容来启发人民的善与信。“德”字虽可通“得”，但仍可就其“禀赋”义来引申，进而理解为禀赋展现出善（德善），以及禀赋展现出信（德信）。

慈故能勇：真爱必有勇气

“慈故能勇”，因为慈爱，所以能够勇敢。真爱必有勇气，其实人的勇气是不分性别的。老子为什么特别提出母亲？母亲和父亲的差别在于，母亲怀胎十月把孩子生下来，天性使然，会把子女当作自己的生命一样来爱护。因为要包容及保存一切，所以奋不顾身。孔子说：“仁者必有勇，勇者不必有仁。”（《论语·宪问》）行仁的人一定有勇气，勇敢的人却不一定能行仁。行仁自然会见义勇为，子曰：“当仁，不让于师。”（《论语·卫灵公》）遇到人生正途上该做的事，即使对老师也不必谦让。老师和学生都在公交车上，看到老太太上车，学生要立刻让座，比老师要快，不需要谦让。年轻的时候，人较缺乏勇气，该让座的时候也不敢让座，怕引起别人侧目，说你爱表现什么的，等到年纪大了，真正了解儒家的思想，以真诚作为出发点，该让座的时候立刻让座，这是需要勇气的，叫作仁者必有勇。为什么“勇者不必有仁”？勇敢的人，内心不见得有仁德，恐怕是逞其匹夫之勇。

一念之仁慈，与大道相通

老子三宝的第三宝是“不敢为天下先”。前面二宝分别用一个字表述：为“慈”“俭”，第三宝反而字数这么多，所以老子又用一个“后”字来表示。“慈故能勇；俭故能广；不敢为天下先，故能成器长。”因为慈爱所以能够勇敢；因为俭约，所以能够推扩；因为不敢居天下人之先，所以能够成为众人的领袖。最后还是回到悟道的统治者，圣人之所以能够领导别人，是因为他能够居于众人之后。“今舍慈且勇，舍俭且广，舍后且先，死矣！”现在如果舍弃慈爱而求取勇敢，舍弃俭约求取推扩，舍弃退让争取领先，结果只有死亡了。如果没有慈爱而逞勇就危险了，“勇于敢则杀，勇于不敢则活”（《老子》第七十三章），你要活还是要杀呢？所以只靠勇敢是不够的，老子把勇敢分为勇于敢、勇于不敢，我们这一生都要学习如何做到“勇于不敢”，不逞匹夫之勇。说“不敢”也需要勇气，这样才能活命。老子说得很清楚，如果没有慈爱，单单为了勇敢而勇敢，很难活命；如果有慈爱就不一样了，力量由内而发，这个力量是有源头的，与外在的勇敢是不同的。舍弃俭约而力求推扩，也会死亡，不俭约又去推扩，耗费太多了。舍弃退让而争取领先，结果只有死亡了。楚汉相争，争到最后，虽然是刘邦赢了，但损失也很惨重，而后来继位的皇帝也做得很辛苦，国事发展并不理想。

“夫慈，以战则胜，以守则固。天将救之，以慈卫之。”

以慈爱来说，用于战争就能获胜，用于守卫就能巩固，天要救助一个人，会用慈爱去保护他。这里出现的“天”，实在很难说清楚。在古代，“天”的概念是很特别的，老子虽然把天当作天地，当作自然界，另外以“道”来取代“天”，作为超越界，这也是他具有革命性之处。但是一个学术思想的演变，并不是截然划分的，“天将救之，以慈卫之”，并不是有一个“天”来救你，而是上天让你觉悟而去学习道。内心慈爱，作战一定会赢，因为出发点不是为了好勇斗狠，而是为了行善。

在《孟子·滕文公下》中孟子谈到，商汤住在亳地时，与葛国为邻。葛伯胡作非为，不祭祀先祖。商汤派人询问他：“为什么不祭祀？”他说：“没有供祭祀用的牺牲。”商汤派人送给他牛羊。葛伯把牛羊吃了，却不用来祭祀。商汤又派人问他：“为什么不祭祀？”他说：“没有供祭祀用的谷物。”商汤叫亳的群众替他耕田，年老体弱的负责送饭。葛伯却率领自己的手下，去拦截抢夺带着酒肉饭菜的人，不肯给的就杀掉。有个孩子去送饭与肉，结果人被他杀了，食物也被抢了。《尚书》说：“葛伯仇视送饭的人。”就是在说这件事。因为葛伯杀了这个孩子，商汤才去征讨他，四海之内的人都说：

“他不是想得到天下这个财富，而是要为平民百姓报仇。”“商汤的征伐，从葛国开始。”征伐十一次然后天下无敌。他向东方征伐，西边的夷人就抱怨；他向南方征伐，北边的狄人就抱怨。“为什么把我们放在后面？”百姓盼望他，就像久旱时盼望下雨一样。赶集的不停止买卖，锄地的照常工作，他杀了那儿的暴君，慰问那儿的百姓，像是及时雨从天而降，百姓非常欢喜。

孟子用“民之望之，若大旱之望雨也”来形容，非常生动。《尚书》有：“等待我们的君主，他来了我们不再受折磨。”又说：“攸国不臣服，周武王向东征讨，安抚那里的人民。人民用竹筐装着黑色、黄色的绢帛来迎接，希望事奉周王而受他恩泽，称臣归顺伟大的周国。”那里的官员用竹筐装满黑色、黄色的绢帛，迎接周王的官员；那里的百姓，用筐盛饭，用壶盛酒，迎接周王的军队。原因就是周王把百姓从水深火热中拯救出来，除掉他们的暴君。《尚书·泰誓》：“我的威武要发扬，攻到于国疆土上，除去凶残的暴君，征伐成效受欢迎，比起商汤更辉煌。”不实行王道政治就算了，如果实行王道政治，四海之内的人都将抬起头盼望他，要拥护他来做自己的君主。齐国楚国虽然强大，有什么可怕呢？由此可见，出于慈爱，是为了保护百姓，战争必定会获胜。

有一部电影译名为《天国王朝》，是以中世纪后期，欧洲大规模宗教性军事行动为背景。一个出身平凡但良知超凡的铁匠巴利安，号召一群骑士，在圣城耶路撒冷抵抗伊斯兰教大军压境，捍卫国土与人民。伊斯兰教的军队有二十万人，城里面只有几万人，但因为每一个人都是为了保护家人而战，这股力量就非常大。

另外，在公元前五世纪左右，当时波斯帝国是一个横跨欧、亚、非三洲的强国，希腊则是尚未统一的城邦国家，两者国力悬殊。两国发生大战，希腊因用兵有方，在雅典东方的马拉松平原大败波斯帝国，此役因而被称为“马拉松战役”。据说当时希腊战胜后，有一名士兵从马拉松跑至约四十公里外的雅典报捷，这名士兵在高呼胜利后气绝身亡。后人为了纪念他，开始举办长途赛跑，而“马拉松”到雅典的这段距离，也成了现今马拉松赛跑的标准长度。当时希腊各个城邦联合起来对抗波斯大军时，他们的口号就是“为了祖先的坟墓而战，为了自由而战，为了子孙而战”，每一句都是出于慈爱，如同斯巴达的三百名壮士，他们的气势也超乎波斯大军的想象。从历史上的各种战争中都可以看得出来，如果有慈爱，就一定能够获胜。

当然有些人会提出反面证据，秦始皇那么凶残，为什么会赢呢？这个也很难回答，历史因素太复杂了，只能说秦始皇就算赢了，秦国的统治也不过十五年。老子讲的是大原则与大方向，历史上很多因素非常复杂，不是老子能完全讲清楚的，他只是要告诉世人，“慈”是出于人们内心最深的愿望。人既然有了生命，都希望活下去；同时也希望在正常情况下，让别人活下去。所以慈带来勇敢，一念之仁慈就可以与大道相通。真正的慈爱能够化解自我的限制，和别人之间的隔阂也跟着化解了。

佛教传入中国之后讲慈悲，老子的思想中并没有“悲”的观念，倒是庄子在许多地方使用它。他在《逍遥游》中提醒人要避免羡慕彭祖的长寿，不必为此感到悲哀，“楚之南有冥灵者，以五百岁为春，五百岁为秋；上古有大椿者，以八千岁为春，八千岁为秋。而彭祖乃今以久特闻，众人匹之，不亦悲乎！”楚国南方有一棵冥灵树，以五百年为春季，五百年为秋季；上古时代有一棵大椿树，以八千年为春季，八千年为秋季。这些属于大寿命。彭祖活了八百岁，到现在还以长寿而闻名天下，一般人与他相比之下，不会觉得悲哀吗？《庄子·齐物论》又说：“一受其成形，不亡以待尽。与物相刃相靡，其行尽如驰，而莫之能止，不亦悲乎！”人承受形体而出生，就执着于形体的存在，直到生命尽头。它与外物互相较量摩擦，追逐奔驰而停不下来，这不是很可悲吗？老子讲慈，庄子讲悲，合起来就是“慈悲”，这个词在中文里就被佛教拿来充分发挥。

第二讲：俭，节俭珍惜万物

老子三宝的第二宝是“俭”，也就是节俭。如今人们特别重视节俭的美德，因为自然生态已面临危机，但是在老子的时代并没有这个问题，他发现人有无穷的欲望，如果完全没有限制，持续发展下去，少数的人就会用掉大量的资源。俭的对象是万物，包括自然界。《老子》八十一章，只有五章出现动物，第三十六章“鱼不可脱于渊，国之利器不可示于人”，鱼不可以离开深渊，国家的有利武器不可以向人炫耀。鱼离开深渊，就有被抓的危险，所以藏在深渊里面是最安全的。第六十章“治大国若烹小鲜”，治理大国，要像烹调小鱼一样。小鲜就是小鱼，只有这两章提到鱼，代表老子观察海中生物的材料并不多。

第四十六章提到：“天下有道，却走马以粪。天下无道，戎马生于郊。”国家政治上轨道，马匹被送回农村耕田。国家政治不上轨道，战马就在郊野出生。第五十章：“盖闻善摄生者，陆行不遇兕虎，入军不被甲兵。兕无所投其角，虎无所措其爪，兵无所容其刃。夫何故？以其无死地。”听说善于养护生命的人，在路上行走不会遇到犀牛与老虎，在战争中不会被兵器所伤。犀牛用不上它的角，老虎用不上它的爪，兵器用不上它的刃。这是什么缘故？因为找不到他致命的要害，他没有任何弱点。

第五十五章：“含德之厚，比于赤子。”保存禀赋若是深厚，就像初生婴儿一样。孟子也说过：“大人者，不失其赤子之心者也。”（《孟子·离娄下》）德行完备的人，不会失去婴儿般纯真的心思。赤子之心是纯朴、真诚、易感，对人信赖关怀，并且充满希望，永不沮丧。“蜂虿虺蛇不螫，猛兽不据，攫鸟不搏。”毒虫不叮刺他，猛兽不抓咬他，凶禽不扑击他。毒虫是指蜂、蜈蚣、蝎、蛇等；猛兽，如犀牛、老虎；攫鸟，像老鹰之类的。老子在这五章中只提到几种动物，可见他对自然界的观察与认识有限。但他的思想常被认为有助于维护自然生态，这就要从“俭”的观念入手。也就是人类与自然界的关系，要以什么态度才是适当的。

自然生态的资源有限

人与自然界有四种关系。

第一，竞争。人也是生物之一，故符合“物竞天择，适者生存”的情况，不过在都市化的社会中比较不明显。去爬山的时候，一条毒蛇来到面前，如果你没有保护自己，后果堪虑。万一出现了熊或老虎，尤其是在它饥饿的状态下，那就更可怕了。所以人对自然界始终不能掉以轻心。像细菌的攻击，人们真的是防不胜防，细菌这种生物，对人往往是致命的威胁。所以人与自然界有竞争的关系，人要随时提高警觉，不宜以为自然界都是和谐美好的，其实它也充满各种危机。从影片中看到非洲有小孩和狮子一起长大，小孩在狮子背上跳来跳去，但是其实并不知道什么时候就会有凶险。泰国有篇报道，一间寺庙把一只老虎养大，有一天出家人和这只老虎玩游戏，居然被咬伤了。老虎就是老虎，不会因为从小喂食就能改变它的本性，它也无从判断事情的轻重。人与动物之间永远有一层紧张关系。

第二，利用。人类要利用大自然，才能保障生存。我曾看过一篇报道，中国有一位农业专家，他栽培的稻米是一般稻米产量的十倍。从前我们觉得世界四十亿人都快养不活了，现在有七十亿人，还是继续维持存活，靠的就是农业科技，利用大自然来生产。这位专家很有意思，他说要培养出和树一样高的稻子，和馒头一样大的稻米，这样人人都能吃饱了。除了农业，还有其他人类利用大自然的方法，令人赞叹。例如印度人驯服野象的方式，是把它和家象用轭绑在一起，潜移默化之后，野象就被驯服了。这就是人类和大自然之间的“利用”关系。

第三，保护。自然界确实需要人类保护，尤其是野生动物，野生动物如果没有人类保护，很快就会灭绝。保护的方式分为两种，一种是禁止无意义的杀戮，很多非洲人为了一个犀牛角或象牙，所杀的动物尸体堆得像山一样高。我见过最残酷的画面，莫过于日本人捕鲨鱼，一捕上来就是十几只，把鲨鱼背上鱼翅的部分全部割掉，再把鱼丢回海里，因为鲨鱼肉的经济价值不高，然而这样的鲨鱼怎么可能继续活命？再怎么凶悍的大白鲨，碰到人类也只能坐以待毙。以人类现在科技武器的发展，动物根本无路可逃，这种保护所考虑的是经济价值，像熊猫到各国都可以当亲善大使，每个人见了都开心。

第四，欣赏。人对大自然的最终目的就是能够欣赏，无论是对自然风景还是动物，这就是一种共生共荣的方法，不要互相伤害。

这四种态度要兼顾，才能保持平衡和谐。

古代的自然资源没有被破坏的疑虑，所以老子提倡“俭”的观念，并不是针对自然生态。我有个朋友一生都在参与环保运动，主因是他为祖母开棺捡骨时，发现人都腐化了，但是尼龙丝袜却完好无缺，代表我们的科技产品地球消化不了，会妨碍自然生态。环保运动有一句很好的口号：“不要任意干预，就是拯救地球最好的方法。”所有的生命都有这样的特性，只要人类减少干涉，就会自行恢复。美国东北角有个地方受到工厂的污染，后来这个地方的人都被撤走，美国政府宣布一百年之内不能进入。所以，让地球喘一口气，自然就能恢复生机，这与老子“无为而无不为”的思想完全相符。只要顺其自然，地球就自动复原了。

俭故能广：损有余而补不足

古代的问题在于少数人的奢侈浪费，造成多数人的贫困，老子的目的是提醒政治领袖不要浪费。百姓在比较之下，会觉得自己活得非常不堪。孟子也说："食前方丈，侍妾数百人，我得志弗为也。"（《孟子·尽心下》）酒菜摆满一大桌，几百姬妾在伺候，如果我得志，不会这么做。当时贵族的生活真是奢侈浪费。"庖有肥肉，厩有肥马，民有饥色，野有饿莩，此率兽而食人也。"（《孟子·梁惠王上》）厨房里有肥肉，马厩里有肥马，可是百姓面带饥色，野外有饿死的尸体，这等于是率领野兽来吃人。从春秋到战国，显然这种风气已经形成了。"治人事天，莫若啬"（《老子》第五十九章），治理人民，侍奉上天，没有比省约更好的方法了。在这里又出现"天"的概念。"夫唯啬，是为早服。"正因为很节省，所以不用准备什么，就已经准备好了。"早服谓之重积德，重积德则无不克"，早有准备就是不断累积禀赋；

不断累积禀赋，就没有不能克服的事。“无不克则莫知其极；莫知其极，可以有国；有国之母，可以长久。是谓深根固柢，长生久视之道”，没有不能克服的事，就无法知道他的极限；无法知道他的极限，他才可以统治国家；掌握了统治国家的根本，才可以长治久安。这就是深植与稳固根柢，长生久存的原则。要长治久安就要尽量减少各种活动，这叫作啬。一般说吝啬是不好的意思，但当“省约”的时候，就没什么不好。我们在谈孔子的思想时提到人生的四大座右铭，其中一项就是对物质要俭，这和老子的意思是一样的。

古人对“天”的概念，在老子的思想里面还是有迹可循的。天就是孔子的“五十而知天命”的天，老子虽然用“道”来代替天，意思在传承天之“造生、载行”的意义，并使“自然之天”重新获得一个超越的依据——道。但是天的“主宰”意义并未完全消失，所以统治者仍须“事天”。换言之，自然之天（展现为固定的规律）与主宰之天（仍含有特定意志），这两者之间的矛盾在老子思想中尚未完全化解。正是因为如此，老子才会有“天将救之，以慈卫之”（《老子》第六十七章）一语。而老子提出“啬”，证明老子压抑“天”的主宰义，而抬高自然义（故须省约）。不过，在《老子》

书中只有三四个地方提到天，还无法形成一套完整的理论，如果谈道的话，就完全没有问题。“俭故能广”“天之道，损有余而补不足”（《老子》第七十七章），自然的法则，是减去有余的并且补上不足的，也就是尽量保持平衡。老子有关“俭”的观念非常丰富，代表他对物质世界的态度。只有俭才能广，广代表推扩。譬如，将一块铁打薄，便可以覆盖整个桌面，但如果不打薄，可能就只有杯盘的大小。

有人曾请我吃饭，一份套餐要价台币四千八百元。也有一次我因为赶时间，就在学生常去的自助餐店用饭，一份午餐才二十几元。换算一下，朋友请的那份套餐的价格，能够请将近两百个学生吃一餐。这还不是天价，有一次我到马来西亚演讲，有一位学员听懂了，非常开心，坚持要请客。他是中药店老板，非常有诚意地准备了一碗燕窝，说是替我补气，没想到吃完之后，座上其他客人一说，我才知道那碗燕窝折合台币两万元，真是无法想象。其实，健康应该是要靠自己多运动，多保养，光靠这种奢侈食品，不见得有效。

老子谈“俭”，就是要我们以正确的态度面对自然生态。老子主张宇宙万物与人类都来自道，万物除了人类之外，还有动物、植物、矿物。这种精神和其他宗教相比有些不同，佛教讲众生皆有佛性，不过众生并没有包括植物。希腊数学家毕达哥拉斯也是宗教家，他认为科学研究无法完全解释宇宙的奥秘，唯有依靠宗教，他也相信轮回，主张人与动物、植物都能轮回。毕达哥拉斯有一次制止一个人打狗，他说从狗的嗷叫声中，听出他朋友的声音，可见这只狗是他的朋友轮回而成的。他的信徒不能吃狗肉，不能吃豆子，人甚至可以轮回成桂冠树。由于他们的规定太多，以至于居民无法容忍，最后把他们赶走了。三大一神教都只重视人类，认为动物与人完全不同，这样的立场与儒家一样，是以人为本位的，但是佛教肯定众生皆有佛性，人与动物一起轮回。有一位牧师请教一位印度教法师，人与动物怎么轮回？法师说："譬如，一个人坏事做多了，下一世就轮回变成蚊子。"牧师再问："那么蚊子怎么再轮回变成人呢？"法师想了一想说："这蚊子去叮坏人，被打死之后就轮回变成人。可是蚊子没有能力去判断好人或坏人，只能看运气了。"这教人如何接受？宗教的教义，最好不要勉强解释，解释要靠理性，而且要以经验来验证。轮回说法在经验上是无法证实的，如果要说人和生物能够轮回，那么为什么很多动物都灭绝了？为什么现在有七十亿人？如果说这个世界上有很多人都是动物变的，所以才这么复杂，这种解释恐怕也不容易说得通。

宗教既然成为人的信仰，我们就只能尊重，没有必要加以批判。我们要讨论的是哲学，凡是与经验有关的，都要按照理性思维来加以讨论。佛教说众生皆有佛性，但是老子认为宇宙万物都来自道，也就是一座山、一条河都和我们一样来自道，来自同一个生命的源流，也是我们的兄弟姐妹，所以我们要肯定它存在的权利，不要随便浪费自然资源，还要进一步加以欣赏。

美就是值得欣赏，《庄子》常谈到美，然而《老子》八十一章五千多字，却很少谈到如何欣赏自然界，只说要虚与静，以发现万物的真相，而万物都在回归根源。“反者道之动，弱者道之用。”（《老子》第四十章），道的活动，表现在返回上；道的效用，表现在柔弱上。万物从道而来，最后回到道里面。因为除了道之外，原木并无一物一事可以存在。换言之，我们所观察的万象，只不过是道的“返回”活动，没有其他目的可言。既然一切都在“返回”其根源（道），那么除了“柔弱”之外还有别的选择吗？“弱”字并非消极无奈，而是顺着返回的趋势，所展现“无目的”的样态。换言之，“弱”看似“无目的”，其实却是配合一切既定条件所能采取的唯一路线。道的功能表现在弱而不是强，因为强很难持久。牙齿坚硬，但很容易掉落；舌头柔软，却能长期保存。老子说："人之生也柔弱，其死也坚强。草木之生也柔脆，其死也枯槁。故坚强者死之徒，柔弱者生之徒。是以兵强则灭，木强则折。强大处下，柔弱处上。"（《老子》第七十六章）人活着时，身体是柔软的，死了以后就变得僵硬。草木活着时枝叶是柔脆的，死了以后就变得枯槁。除了人类以外，万物都是照自然轨迹来运作的，没有逞强的问题，只有人类会思考什么叫强弱。譬如，滴水穿石的关键在于时间，经过时间代表恒久，时间长期发展下来就产生效果。也只有人类能考虑对万物要不要节俭。俭的背景是慈，道是母亲，万物都来自道，用道的态度对待万物，就要节俭，这时我们与万物之间的关系就不再是对立的。

少私寡欲，更能悟道

《老子》第十九章说："绝圣弃智，民利百倍；绝仁弃义，民复孝慈；绝巧弃利，盗贼无有。此三者以为文不足。故另有所属：见素抱朴，少私寡欲。”去除聪明与才智，人民可以获得百倍的好处；去除仁德与义行，人民可以恢复孝慈的天性；去除机巧与利益，盗贼就不会出现。圣智、仁义、巧利是用来文饰的，不足以治理天下。所以要让人民有所依归：表现单纯，保持朴实，减少私心，降低欲望。孟子说“养心莫善于寡欲”（《孟子·尽心下》），两个学派具有异曲同工之处。

儒家也说养心，因为孟子认为心有四端，要发出来就需要“存养充扩”，所以清朝皇宫有个养心殿，便是以孟子的话作为参考。但是帝王真能做到寡欲吗？老子说“见素抱朴”，单纯与朴实其实是生命的原貌，就像小孩子一样，不跟别人计较复杂的东西，别人也就找不到弱点，无从下手。单纯朴实才能够少私寡欲，自然能够快乐，最理想的快乐就是知足，老子说“故知足之足，常足矣”（《老子》第四十六章），知道满足的这种满足，就能永远满足了。降低欲望容易满足，人的欲望如果是有形可见的物质，再多也不够。老子说：“甚爱必大费，多藏必厚亡。”（《老子》第四十四章）过分爱惜必定造成极大的耗费，储存丰富必定招致惨重的损失，汉武帝“金屋藏娇”，是说他为了青梅竹马的阿娇打造金屋，花费极大。这是人类普遍的问题，很少有人能够超越。

西方谚语说：“人生的快乐有两种，一是取得你所要的，二是享受你所有的。”多数人为了取得所要的，不断去竞争，过程很刺激，最后胜过别人，但是这种快乐有限，因为它建立在别人的痛苦上。第二种快乐是能够就仅有的东西加以享受，这种快乐是源源不绝的，这样的人生就很满足了。通常我们只知道取得自己所要的，却不知道珍惜，永远在追逐新的目标，人生因而变得非常劳累，也非常不堪。

老子的“俭”就是要提醒我们，让自己减少私心，化解欲望，这样才能容易满足而快乐。人生短短几十年，时间一去不复返，每个生命阶段都是唯一的，以前我也有“现在受苦，将来才会快乐”的幻觉，年轻的时候到海外念书，飞机起飞时，内心想的是“风萧萧兮易水寒，不拿博士兮誓不回”。四年来，每天苦读十几个小时，可是最后我才发觉，慢慢念也可以念成。回来教书，最后升为正教授，人家还是称我“傅教授”（副教授），这都是太执着了。当了教授以后，就不再有欲望了吗？人如果永远在追求，什么时候才能停下来呢？恐怕就是进坟墓的时候吧！学习道家的意义，就是要让自己随时可以停下来，珍惜现在所有的一切。人有理想和抱负，也有各种欲望，这是正常的，但是因此忘记自己所拥有的，无法让自己当下过得快乐，那就有问题了。

人要活得开心，但并不表示要放弃目标与抱负。年轻的时候学儒家，有勇气追求自我实现，与社会的发展结合在一起，年轻人不上进，社会怎么进步呢？但是到了中年，阅历比较丰富了，就要学道家，由此化解不必要的压力。如果现在感到不快乐，就须假设在某种情况下才会快乐，那么要如何让那种情况实现呢？问题在于永远可能有更高的“山”，到了这座山，还有更高的山，结果人生永远在“爬山”，而不知道欣赏风景。阿尔卑斯山山谷的汽车道，路旁插了一个标语：“慢慢走，欣赏啊！”去游长城时，拼命走到最高的地方，然后就转身回去，只会看到拥挤的人群。如果具有审美的眼光，所到之处都能找到值得欣赏之物，要懂得调节目的与过程。但如果接触道家思想之后，变成只活在当下而不去奋斗未来，可能是误读了老子。老子绝不是消极的，“孰能浊以静之徐清？孰能安以动之徐生？”（《老子》第十五章）谁能够在浑浊中安静下来，使它渐渐澄清？谁能在安定中活动起来，使它出现生机？人生是要能够慢慢地静下来，也能够慢慢地恢复活力。道家思想的特别之处，一般人反而比较容易忽略。海德格尔果然是大哲学家，特别喜欢这两句话。

“大隐隐于朝，小隐隐于野。”在民间隐居只是小的隐居，能在朝廷隐居，才是大的隐居，这真是匪夷所思，不过，这就是道家的思想。隐居荒野，可是心能够放得下这个社会吗？每天有繁忙的公务，心情还能不受干扰，就像陶渊明说的，“勤靡余劳，心有常闲”，每天辛勤工作，没有多余的力气了，但内心能保持悠闲，这不容易做到，但是绝对值得我们去练习。身忙心不忙，内心有一个主宰坐镇，指挥若定，运筹于帷幄之中，这就是道家思想的启发。有了这样的观念，才能够把握当下，以一种从容的心态来做事。

我特别强调老子的无为是“无心而为”，为还是为，但是我无心，就代表我的心不受干扰。成功不得意，失败不难过，这样就不容易受到外在条件的制约。花同样力气做一件事，以前成功了，如今竞争对手不一样了，结果可能就会不同。譬如，一家面包店开了五十年却要停业了，因为物价上涨吗？问当地的居民，他们确实怀念这家历史悠久的老店，但它之所以做不下去，是因为附近开了好几家新的面包店。这样一来就知道问题所在了，如果面包业萎缩，为什么附近又开了几家新店呢？招牌老是没有用的，若无法与时俱进，就无法赶上人们对新口味的追求。就像老子说的，要能“夫唯不盈，故能蔽而新成”（《老子》第十五章），正因为没有达到圆满，所以能够一直去旧存新。老子的许多观念，在生活中都有很多很好的例子可以作为验证。

在说明老子三宝中的“俭”这个字之前，要再次提及我在介绍孔子思想时所说的两句话，作为彼此互相勉励的目标：第一，不拥有不需要的东西。这其实是知易行难，打开皮包检查一下，打开衣柜检查一下：有些衣服是大拍卖的时候买的，几年来都没穿过；鞋子买了好几双，等要穿的时候却觉得不喜欢了，款式也不符合当下的潮流。所以，要买任何东西之前都要自问：我真的需要吗？也有人担心这种想法会妨碍经济发展，因为会降低消费欲望，其实不必担心，因为真正会执行的人不到百分之一，我只是提出来共勉，看看有没有人能做到。第二，东西用到坏为止。东西用了就要用到坏，好好一双鞋子，还没穿坏就丢了，鞋子也会觉得委屈。我曾看过一篇报道，有一个印度妇女，在上班途中凉鞋鞋跟断掉了，不能再修了，她就把凉鞋脱了放在路边，恭恭敬敬地向鞋子鞠躬，然后赤脚去上班。这凉鞋可说是鞠躬尽瘁，主人确实也应该向鞋子鞠躬，这种简单的态度，就让人感动。从儒家与道家来看，中国古代的智慧，节俭都是一个值得推广的美德，能把时间和力量省下来，才能够了解重要的是道。

第三讲：不敢为天下先

老子三宝的第三宝是“不敢为天下先”，《老子》第六十七章：“不敢为天下先，故能成器长。”因为不敢居于天下人之先，所以能够成为天下人的领袖。说到敢与不敢，牵涉到争与不争，我们很熟悉老子“以其不争，故天下莫能与之争”（《老子》第六十六章）的观念，他不与人争，所以天下没有人能够与他争。“不争”是处世的重要原则。不过，不争只能保证不会失败。譬如，不参加竞争，当然无从失败，但是要说“天下莫能与之争”，似乎又必须针对“圣人统治者”才有意义。

不争，居后，退让

“慈”是一种普遍的态度，“俭”是特别针对万物的态度，“不敢为天下先”就是在说人的社会了。人的社会，互相竞争是文明进展的常态现象，要讨论“不敢为天下先”之前，必须要先分析《老子》谈到战争的部分，主要有第三十章、第三十一章、第四十六章、第五十七章、第六十七章、第六十八章和第六十九章，共七章。《老子》第六十八章说：“善为士者，不武。”善于担任将帅的人，不崇尚武力，若崇尚武力，马上就会发生战争，战争多了，士兵死伤的机会就增加了。“善战者，不怒”，善于作战的人，不轻易发怒。两军对阵时，最怕被激怒，因为情绪会影响决策，这就是现代人所说的情绪智商。老子希望我们情绪稳定，不要轻易被外在因素牵动。“善胜敌者，不与”，善于克敌制胜的人，不直接交战。《孙子兵法·谋攻》也标榜“不战而屈人之兵，善之善者也”，直接交战即使胜了，损伤也很大。“善用人者，为之下”，善于用人的人，对人态度谦下。如果态度骄傲，人才是不来支持你的。刘备三请诸葛亮，关羽与张飞都失去耐心了，但刘备的态度依然谦下，这也才能让诸葛亮“鞠躬尽瘁，死而后已”。这或许也是读书人的风骨，遇到明主，自当全力以赴。

这几句话是老子综合的看法，我们来试着逆向思考。善于担任将帅的人，不崇尚武力，那该做什么呢？可以培养士气，让军士们能够有比较深刻的人文素养。两军交战的时候，“哀兵必胜”的哀不是悲哀，而是心中有慈爱，因为慈爱才能勇敢。如果能设法让军队培养出这样的情绪和情操，士气显然就会不一样，我们称作“正义之师”。这样的军队不畏进攻，但如果需要进攻，理由将具有正当性。善于作战的人，不容易发怒，无论对方使用任何言辞意图激怒，也能看透那只是一种策略。

善于克敌制胜的人，不直接交战，而是设法未战先胜。《庄子·说剑》有一篇故事，从前赵文王喜好剑术，剑士聚集在门下当食客的有三千多人。他们日夜在大王面前比武，每年死伤的有一百多人，而大王仍然喜好不倦。就这样过了三年，国势衰落，诸侯都准备夺取赵国。太子悝很担心，召集左右的人说："谁能改变大王的心意，不再让剑士比武的，就赏给他千金。"左右的人说："庄子应该可以做到。"太子于是派人奉上千金给庄子，庄子不接受，与使者一起去见太子说："太子对我有什么指教，要赏赐我千金呢？"太子说："听说先生明智通达，我特地奉上千金，犒赏你的随从。先生不接受，我怎么敢说呢？"庄子说："听说太子要叫我做的，是断绝大王的喜好。假使我向上劝说大王而违逆了他的心意，向下又不合太子的期望，那么我将受刑罚而死，还要这千金做什么？假使我上能说服大王，下能满足太子的期望，那么我在赵国还有什么得不到的呢？"太子说："确实如此。不过我们大王眼中所见的，只有剑士。"庄子说："很好。我擅长剑术。"太子说："不过我们大王眼中所见的剑士，全都头发蓬散，鬓毛突起，帽子下垂，帽缨粗乱，上衣后襟很短，怒目瞪人，出口相互责难。这样大王才会高兴。现在先生如果穿着儒服去见大王，事情一定大为不顺。"庄子说："那么我就准备剑士的服装。"庄子花了三天的时间准备剑士的服装，然后去见太子。太子与他一起去拜见大王，大王抽出剑来等候他。庄子进了殿门没有加快脚步，见了大王也不下拜。大王说："你对寡人有什么指教，还让太子先来介绍呢？"

庄子说："臣听说大王喜好剑术，所以带着剑来请见大王。"大王说："你的剑有什么克制对手的本领？"庄子说："臣的剑，十步之内杀一个人，千里之远没有阻碍。"大王高兴极了，说："真是天下无敌了！"庄子说："用剑之道，要故意露出破绽，给予可乘之机，后于敌人发动，先于敌人击中。我希望有机会试试。"大王说："先生先到馆舍休息，等我安排好击剑比赛，再去请先生。"

于是大王让剑士比赛了七天，死伤了六十多人，最后选拔出五六个人，让他们捧着剑侍立在殿下，再命人请庄子来。大王说："今天请和剑士比剑。"庄子说："盼望很久了！"大王说："先生所用的剑，长短怎么样？"庄子说："臣所用的剑，长短都可以。不过，臣有三把剑，任凭大王选用。请让我先说明，然后再比试。"大王说："希望听听是哪三把剑。"庄子说："有天子的剑，有诸侯的剑，有平民的剑。"大王说："天子的剑是什么样子呢？"庄子说："天子的剑，用燕豁、石城做剑尖，用齐国、泰山做剑刃，用晋国、卫国做剑背，用周朝、宋国做剑首，用韩国、魏国做剑柄；用边疆四夷来包扎，用一年四季来围裹；以渤海来缠绕，用恒山做系带；用五行来控制，用刑德来论断；用阴阳来开合，用春夏来扶持，用秋冬来行使。这把剑，直刺时，无物可在前；举起时，无物可在上；按低时，无物可在下；挥动时，无物可在旁；往上可阻绝浮云，往下可切断地脉。这把剑一旦使用，就可以匡正诸侯，天下顺服了。这是天子的剑。”大王听完，茫然失神，说：“诸侯的剑是什么样子呢？”庄子说：“诸侯的剑，用智勇之士做剑尖，用清廉之士做剑刃，用贤良之士做剑背，用忠诚之士做剑首，用豪杰之士做剑柄。这把剑，直刺时，也是无物可在前；举起时，也是无物可在上；按低时，也是无物可在下；挥动时，也是无物可在旁；从上取法于圆天，来顺应日月星三光；往下取法于方地，来顺应春夏秋冬四季；在中间则调和民意，来安定四方。这把剑一旦使用，有如雷霆震动，四海之内无不降服而听从国君的命令了。这是诸侯的剑。”大王说：“平民的剑是什么样子？”庄子说：“平民的剑，头发蓬散，鬓毛突起，帽子下垂，帽缨粗乱，上衣后襟很短，怒目瞪人，出口相互责难。他们在众人面前比剑，上斩头颈，下刺肝肺。这是平民的剑，与斗鸡没有什么不同，一旦丧命，对国家毫无用处。现在大王拥有天子之位，却喜欢平民的剑，臣私下替大王感到不值得。”大王于是牵着庄子上殿，膳食官送上食物，大王绕席走了三圈。庄子说：“大王安静坐下，平定气息，关于剑术的事我已经启奏完了。”于是文王三个月不出宫门，剑士都在住所自杀而死。

《庄子·达生》也有一段故事。纪渻子为齐王培养斗鸡。培养了十天，齐王就问：“鸡可以上场了吗？”纪渻子说：“还不行，它现在只是姿态虚骄，全靠意气。”过了十天，齐王又来问，纪渻子说：“还不行，它对外来的声音及影像，还会有所回应。”再过十天，齐王又来问，纪渻子说：“还不行，它还是目光犀利、盛气不减。”再过十天，齐王又来问，纪渻子说：“差不多了！别的鸡虽然鸣叫，它已经不为所动了。看起来像一只木头鸡了。它的天赋保持完整了。别的鸡没有敢来应战的，一见到它就回头跑走了。”我们今天说的“呆若木鸡”就是从这里来的。所以这叫作不争之德，不与人争的操守，运用别人的力量，符合天道的规则，这是自古以来的最高理想，所以在谈论老子的争与不争，第一个重点就是了解为什么要跟别人争战呢？我们可以把握住自己的立场。

《老子》第六十九章说：“用兵有言：‘吾不敢为主，而为客；不敢进寸，而退尺。’”指挥军队的人说过：“我不敢采取攻势而要采取守势；不敢前进一寸，而要后退一尺。”军队作战的时候，攻与守所需要的人力差很多，攻城所需的人力比守城的多七到八倍，就像孟子说的“天时不如地利”，就算成功攻城，恐怕也是一座废城，所以宁可采取守势。主动后退会比较宽裕，前进的一方，反而很容易上当。“是谓行无行，攘无臂。扔无敌，执无兵。”陈列而没有阵势，奋举而没有臂膀，对抗而没有敌人，持握而没有兵器。兵法作战总是有一些基本规则，最后总会被识破，没有阵势就让人无法防备，无从下手。“祸莫大于轻敌，轻敌几丧吾宝”，祸患没有比轻敌更大的，轻敌将会丧失我的法宝，什么法宝呢？“故抗兵相若，哀者胜矣”，两军对抗而兵力相当时，慈悲的一方可以获胜。这就是“慈故能勇”，慈悲的一方，并不是要杀人或强占土地，而是为了适当地防守。这种观念在春秋时代小规模的战争中也许有效，然而若是大规模毁灭性的战争，这种想法很难适用，不管慈悲与否，人多势众，漫山遍野都是敌军，就没有办法了。

老子的想法要配合他小国寡民的观念，也就是减少比较与竞争。《老子》第八十章提出小国寡民的理想，庄子也引申发挥。“小国寡民。使有什伯之器而不用，使民重死而不远徙。”国土要小，人口要少，即使有各种器具也不使用，使人民爱惜生命，而不远走他乡。这表示古代也有科技发明的各种器具，只是不去使用。人们远走他乡往往是为了满足各种欲望，要赚钱、读书等，如果爱惜生命，就不会有那么多外在的活动。“虽有舟舆，无所乘之；虽有甲兵，无所陈之。”虽然有船只车辆，却没有必要去乘坐，因为没有地方可去；虽然有武器装备，却没有机会去陈列，因为没有使用的机会。“使民复结绳而用之”，使人民再用古代结绳记事的办法。结绳记事后来演变为基本的八卦。文字还未发明之前，人们仍需互通消息。譬如，到一个新的地方，总要知道那里有没有食物，有没有其他的资源，有没有陷阱或危险。他们用结绳记事的方法，约定一段和手臂一样长的绳子，完全没有打结，就代表条横的一条线，这是《易经》里面的阳爻，中间打个结就代表阴爻。第一个是初爻，第二个是二爻，第三个是三爻，这样就形成易经八卦里面的三爻，代表八种情况：天、地、雷、山、火、水、泽、风。这八种基本的三爻卦，所象征的自然界情况，再合成六爻卦，就有六十四种情况了。《易经》讲的就是六十四卦，有六十四卦就可以通消息了。只要是同族的人，都可以分享这些信息，因而趋吉避凶，趋利避害，这是古人的方法。当然，虽然目前我们没有办法证实，但有专家研究认为结绳记事是文字的开始，与八卦中的阳爻、阴爻，其设计的道理相同。老子主张让人民再用古代结绳记事的办法，是因为文字发明之后，出现的概念太复杂，如果运用六十四卦，就只是六十四个情况，一目了然，没有什么复杂的情形。

“甘其食，美其服，安其居，乐其俗”，饮食香甜，服饰美好，居处安适，习俗欢乐，这四句话令人羡慕。吃任何东西都很香甜，服装都是很美观的，居住的地方都很安适，因为没有什么好不好的比较问题。习俗欢乐是最难的，古代农业社会虽是“日出而作，日入而息，凿井而饮，耕田而食，帝力于我何有哉”，看似很自在，但其实很辛苦，所以一定要有民俗节庆带来各种欢乐，这些节庆都在秋收冬藏的闲暇时间。古人和西方现代学者的研究有相通之处，休闲有三个目的：第一，静，从安静到平静，再到宁静。不活动就安静下来，安静无声；平静代表内心没有烦恼；宁静代表重新蕴发动力，亦即宁静致远，可以再出发。第二，庆。休闲的时候设计一些庆祝活动，如各式各样的嘉年华，宗教的节庆更多，带来欢乐的气氛。人需要快乐，但是落在生活轨道里面，计较成败得失就很难有快乐可言。第三，全，让生命回复到完整的状态。人生在世，自然会把生命当作一种工具，具有某种专长就上班工作，扮演特定的角色，生命也因而被割裂，导致自认为只是一颗螺丝钉，公司是一台大机器，整个社会是一台更大的机器，每个人都是里面的一小部分，生命渐趋窄化。休闲的时候，没有工作压力，可以回到自己生命的原状，恢复生命的完整，这就是现今所谓的安居乐业。“邻国相望，鸡犬之声相闻，民至老死不相往来”，邻国彼此相望，鸡鸣狗叫的声音相互听得到，而人民活到老死却不互相往来。人们一往来，就会发生比较，自然带来困扰。所以古代的社会，听到隔壁的鸡鸣狗叫声，彼此也不互相往来；现代人，听到隔壁电视机的声音也不太互相来往。这是另一个复杂的问题，但是不管怎么样，学习《老子》以后，从小国寡民开始，领悟老子的愿望，想要回到原始的生活处境。

可以成为真正的领袖

老子所说的第三宝“不敢为天下先”，我们解释为“不敢居于天下人之先”，因为不敢居于天下人之先，所以能够成为众人的领袖。用服务代替领导的这个观念，逐渐受到重视，一个人性化的社会，当然要重视人性化的管理，作为领袖要了解得更完整，因为领袖要发号施令，如果别人口服心不服，表示他另有想法。要能用服务代替领导，也要能用言语来鼓舞别人。我们经常看到电影演出战争场面，两军交战之前，领袖都要先精神喊话，鼓动士气，力量便能增加好几倍，声势更为惊人。每一个人都要有名正言顺的理由去做一件事，所以老子认为要成为真正的领袖，就要在言语上鼓励别人，让对方知道自己的重要性，让一个最平凡的人，体认自己不可或缺的价值。《易经》的六爻，一定要由下往上看，底下没有建好基础，上面怎么可能出现另外一个三爻卦呢？所以底下的三爻是打基础，上面的三爻才把特色表现出来，《易经》六十四卦，都是类似的情况。任何一家公司与单位也是一样，都是从基础慢慢建立起来的，否则无法持久，也不可能改善。所以，担任领袖的第一步，就是要能够让底下的百姓，感觉自己受到尊重。另一方面，想带头做什么事，就要说明自己是在后面追随大家的，这就是用言语推崇别人，不敢居于他人之先，退居在别人之后，这样别人也就不觉得你是在刻意地领导，而是引发大家内在的动力，这就是提升士气的问题。

能够不敢居天下之先，才能够成器长，才能成为众人的领袖，“器”包含人在内，正如万物包含人在内，所以可以用“物”字来代替人，器也是指人而言，这些都是古代的用法。“舍后且先，死矣”，只争取领先，结局是很难看的，团体当然要有向心力，要有它存在的目的，领导者就要让大家都知道，每个人都是整体的一分子，这才是关键所在。

既以与人己愈多：精神丰足

“不敢为天下先”，说明在人的世界里，尤其在现今的商业社会，不可能不与人竞争。小孩子求学念书，也是处在竞争之中，每个小朋友都不免被问功课怎么样，所以要端正面对竞争的态度。小孩子还小，无法思考道家的想法，但是人到中年以后，道家思想就会慢慢显示它的吸引力。尤其是《老子》最后一章所说的“既以为人己愈有，既以与人己愈多”，这叫作精神方面的丰足。人生在世，如果不懂得转向，就会陷入困境。我们如果把老子思想与现代心理学对照，把人分为身心灵三个层次来看，人的身体有各种有形可见的欲望和自然要求，要吃要喝要生存发展，这是合理的。人还有心，这有两个可能：第一，追求学问，追求知识；第二，追求道。差别就在这里。圣人在身的需求方面和我们一样，这是一个必要条件，差别在于他的心追求道。我们的心追求知识，从区分开始，因此带来欲望，产生问题。要如何化解呢？正确的知会带来正确的欲望，欲望之所以不好，是因为有偏差的认知，如果认知正确，就不会有问题。一般人的知是为学日益，每天增加一点点，但所增加的，都在同一个层面上，反而变得复杂了。我们常说"行万里路，胜读万卷书"，但老子却说"其出弥远，其知弥少"（《老子》第四十七章），因为我们追求的是相对的知识，如庄子所说的："吾生也有涯，而知也无涯。"（《庄子·养生主》）我的生命是有限的，知识是无限的。我在美国念书的时候，耶鲁大学有一座主要的图书馆，是学校的中心，最高的建筑，叫作 Sterling Memorial Library，我每次进到里面，都觉得活着没什么意思，因为书太多了，当时就有七百多万册，这些作者辛苦撰写的书，它的书脊别人一秒钟就路过了，生命有什么意义呢？多少人皓首穷经，念到头发白了、掉了，最后写了几本书，后代的人还不是一晃眼就“过去”了。现在网络发达，很少人看书，另外还有大量电子书，所以我每一次到图书馆都感觉生命是有限的，知识是无限的，用有限生命追求无限的知识，真的很辛苦。

老庄指出，人的心如果落在追求相对的知识，是没完没了的；如果落在和一般人相处上面，经常有情绪和意志的波动，也是没完没了的。人生充满各种恩恩怨怨复杂的情况，实在没有办法想太多，所以老庄要人的心往上走，叫作“为道日损”，少私寡欲，见素抱朴，展现单纯与朴实。每个人既然是由道所生，内在的德（本性与禀赋）应该是足够的。这一点可以同儒家对照，孟子说：“反身而诚，乐莫大焉。”（《孟子·尽心上》）儒家讲真诚，道家讲真实，只要发现想再长高一点不可能，想变矮一点也很难；不能多一岁，也不能少一岁，这样就会接受自己。人在接受自己的那一刹那，接受真实，也就没有什么情绪反应的余地，连道德的判断都很难出现，不管做得好不好，我就是这个样子。重要是在于能不能反思，能否觉悟到自己内在的本性是圆满具足的。

一位日本学者主张，讲人性本善的是老子、庄子，因为老庄说人要保存自然原状，像一棵原木不要雕琢，自然的就是好的。不过这种说法难以成立，西方哲学史上唯一提及人性本善的卢梭，也承认那是分辨善恶之前的人性。这样的人性同动物没有差别，你什么时候见过动物分辨善恶呢？狗跟狗在一起，不会说你是好狗，它是坏狗，只看谁跑得快，吃得多，活得久，这是生物本能。只有人会判断善恶，这是从社会组成开始有的，如果一群原始人住在山上，你采果子吃，他欣赏一朵花，哪有善恶可言呢？社会形成以后，人们取得私有财产，就设计一些规定，遵守的人就是善，违背的人就是恶，如果把这个社会结构打散，回到原始的处境，又没有善恶问题了，只看谁活得久。不过卢梭也承认这种想法只是空想，因为人类根本不可能回到大家都没有私有财产的原始社会，那只是一种幻想。老子说过，最高的治理艺术就是让百姓感觉不到有人在治理，其次是让百姓喜欢这个政治领袖，再其次是让百姓讨厌这个领袖，辱骂这个领袖。最后总结说，真正的领袖，是让百姓感觉不到有人在治理，并且认为自己本来就是如此，也许这就是外国学者所谓本善的根据。

不过，如果百姓认为没有人在管我，我本来就是这个样子，没有学习也没有念书，这就代表本善的话，这种观点能够成立吗？我们谈中西文化的对照或国学的演变时，会说宗教可以讲人性本来的面貌，而哲学不能。譬如，基督徒宣称人有原罪，因为它是一个宗教，要让人知道人的本性有缺陷，信了基督之后才能恢复原状，重新做好人。佛教徒宣称缘起性空，性是空的，所以要觉悟没有自我，如果没有自我，人生怎么会执着呢？这就是宗教。我现在可以清楚地说，如果按照某些人的解释，认为儒家主张人性本善，那也是一种宗教的观念，而不是哲学理论。真正的哲学，一定是对生活经验做全面的反省，由此思考：人要从哪里出发？人生应该如何？或是通过儒家的修德，或是通过道家的智慧来得到解脱。这种解脱不是放弃，儒家的理想是修己以安百姓，是尧舜圣人的最高理想；道家的理想是领悟最高的智慧，亦即体现为悟道的统治者圣人。

我们学习道家的目的，不是要幻想自己成为圣人，而是要让我们成为自己生命的统治者，如此一来，人生就能得到很大的转变机会，这才是关键。为什么要着重介绍圣人呢？因为每个人都应该成为悟道的自我管理者，掌握生命，同道产生某种默契。修行过程会很辛苦，从虚与静着手，经过严格的修行阶段，甚至会觉得孤单，好像别人都很聪明，只有自己很愚笨。其实这不是真的愚笨，因为我是从整体来看，不会在小地方斤斤计较。在小地方斤斤计较也许会有一些好处，但是从整体来看，所得到的恐怕无法补偿所失去的。人生最怕得不偿失，得到的少而失去的多。如果得到的少，却以为自己得到了很多，最为可惜。该怎么衡量，就是自己的问题了，我们要设法做自己生命的主人。

我们学到老子的三宝，要怎么运用呢?

第一，慈。尽量从道来看待万物，对一切的现状，现实存在的东西，设法了解它，接受它，欣赏它，因为我们不可能改变任何东西。老师会遇到比较理想的学生，也会遇到让人不满意的学生，我们要练习从老子的角度来看，“善人者，不善人之师；不善人者，善人之资”。(《老子》第二十七章)当我们能超越善恶相对的紧张情况，看所有人都是一往平等时，就能产生欣赏的眼光。如果我们总是在评价善恶，这是善的，还会有更善的、最善的，永远都难以产生就事物本身的真实，加以理解与接受的美感。人到中年之后，比较容易有慈祥或慈悲的心态，因为很多事情都可以从整体来了解。

第二，俭。俭是对待物质的态度，不要过于浪费。赚钱固然要花时间，花钱更花时间，既然如此，为什么要拼命赚钱呢?许多东西用过就不见了，水龙头打开了，稍微浪费一分钟，流走的水就变成废水了。光是“俭”这个字，就能带给现代人不少启发，不仅对外在的物质如此，内在的欲望若是也能慢慢减少，自己的时间自然增加了，可以去做更有意义的事。

最后，不敢为天下先。与人相处时，要像庄子所说的，别人推你，你才走；别人拉你，你才动。个人一无所求，顺着外面的条件跟着别人一起往前走。庄子曾经形容鷾鸸，飞的时候不前不后，始终在中间；吃东西时，不先不后，如此最安全，可以活得平安愉悦。

我们一路从天下大乱、虚无主义、道的出现、圣人怎么表现，讲到老子的三宝，将老子的主要思想做一个综合性的介绍，至此可以告一段落。